AF387590

Widmung

Ich widme dieses Buch allen, die mir in der schwierigen Zeit nach meiner Gehirnblutung beigestanden und mich unterstützt haben. Ins besonderen meine Eltern, die den grössten Anteil daran haben, dass ich so gut mit den Geschehnissen klar komme. Meinem Bruder und meinen Freunden, weil sie mich so zahlreich besucht haben und allen meinen Therapeuten, Ärzten und Schwestern aus der Median Klinik in Grünheide und aus dem Gesundheitszentrum Prenzlauer Berg. Durch Eure Arbeit kann ich wieder laufen und mein Leben geniessen. Einen ganz lieben Dank gebe ich auch an Sylvie, Frau Lauterbach, Frau Wilde und alle anderen Frauen aus dem Speisesaal weiter, die mir die Zeit in der Median-Klinik in Grünheide sehr angenehm gemacht haben.

Einen besonderen Dank widme ich:

Meiner Mutter, Bärbel Riechert
Meinem Vater, Detlef Riechert
Meinem Bruder, Stephan Riechert
Meiner Oma, Ellen Riechert
Meinem besten Freund, Nico Welz
Meinen Kollegen: Chris Milster, Kay
Westera und Robert Schünemann
Den Schwestern und Ärzten der Stationen
12, 50 und 51 in der Reha-Klinik ,
Den Schwestern, Ärzten und Chirurgen der
Station 26 in der Klinik Friedrichshain
Meiner Logopädin, Frau Baacke
Meinen Physiotherapeuten: Frau
Timmermann, Frau Heinrich, Frau Kramme
Meinen Ergotherapeuten: Frau Fritz, Frau
Goldberg, Frau Küstermann, Constanze
Haake,

An dieser Stelle seien auch noch mal alle
Therapeuten des Gesundheitszentrums
erwähnt:
Ina, Anne, Inga, Britta, Silke, Maik, Anette
und jeden, den ich versehentlich vergessen
haben sollte.

Vom Rollstuhl zum Gehstock

Bibliografische Information der Deutschen Nationalbibliothek
Die Deutsche Nationalbibliothek verzeichnet diese Publikation in der Deutschen Nationalbibliografie; detaillierte bibliografische Daten sind im Internet über http://dnb.d-nb.de abrufbar.

Impressum
Sebastian Riechert: Vom Rollstuhl zum Gehstock
© Sebastian Riechert, 2010
Herstellung und Verlag: Books on Demand GmbH, Norderstedt
ISBN: 9 783839 180631

Inhalt

Vorwort

Mit viel Einsatz, sehr großem Willen, sehr viel Geduld, aber ohne Aggression gegenüber Deinen Mitmenschen im Hinblick auf Deine Situation, hast Du Dich in das Leben nach diesem Schicksalsschlag zurück gekämpft. Du kannst zwar an keinem Marathonlauf mehr teilnehmen, jedoch bist Du in der Lage, Dein tägliches Leben im Großen und Ganzen alleine zu meistern. Für die Sachen, die Du nicht alleine durchführen kannst, wirst Du immer unsere Hilfe erhalten. Ansonsten lebe nach dem Rezept von Katharina Elisabeth Goethe.

Wir sind unheimlich stolz auf Dich!

Deine Eltern

Mein altes Leben

Ich hatte bisher nie wirklich große Probleme gehabt. Auch harte Schicksalsschläge sind mir bis jetzt erspart geblieben. Natürlich gab es den einen oder anderen Todesfall in der Familie oder auch mal eine Hiobsbotschaft von Freunden und Bekannten. Aber so eine richtig große Krise oder gar ein dramatisches Ereignis, welches mein ganzes Leben veränderte gab es nicht. Zumindest nicht in den ersten 25 Jahren meines Lebens. Die Ereignisse, mit denen man sich rum schlug, hielten sich im Rahmen und hatten eher damit zu tun, dass man die Schule beendete und sich einen Ausbildungsplatz suchen musste. Von Streitereien in der Familie oder Auseinandersetzungen mit seinen Eltern mal abgesehen, lief mein Leben relativ problemlos ab und war soweit auch normal und angenehm. Dies sollte sich aber im Alter von 26 Jahren dramatisch und schlagartig ändern. Ganz genau gesagt am 25.Mai 2007. An diesem Tag wurde mein ganzes Leben auf den Kopf gestellt.

 Ich werde diesen Tag nie vergessen. Es war ein Freitag. Ich stand wie immer relativ spät auf. Ich war selbständiger IT-Betreuer und hatte diese Existenz erst vor wenigen Monaten gegründet. Ich befand mich noch in der Anfangsphase und bei der Kundenfindung, daher hatte ich noch nicht sehr viel zu tun. In erster Linie basierte meine Existenz auf zwei Gelegenheitskunden und einem festen guten Stammkunden. Bei diesem Kunden handelte es sich um die Firma, bei der ich mein Praktikum in der Ausbildung absolviert hatte und auch nach der bestandenen Abschlussprüfung zum Fachinformatiker für Systemintegration weiterhin als Freiberufler tätig war. Gut 3 Jahre hatte ich dort schon den Job in der Sportredaktion und machte somit eines meiner Hobbys zu meinem Nebenjob. In der Ausbildung hatte ich bereits mein anderes Hobby zu meinem Beruf gemacht. Schon seit langer Zeit war ich ein Freund von der Technik und von allem, was mit dem PC zu tun hatte. Ich baute gerne meine eigenen Geräte aus einzelnen Komponenten zusammen und hatte dabei viel Spaß. Leider hatte die Firma aber keine freien Arbeitsplätze in der IT, aber es gab für mich die Möglichkeit im Bereich der Sportredaktion unterzukommen.

Die Firma vertreibt kleine Funkempfänger von Fußballvereinen der Bundesliga. Für diese Geräte wurde jemand gesucht, der Vereinsnews und andere Neuigkeiten auf die Geräte sendete. Natürlich gehörte zu dieser Aufgabe auch eine kleine Live-Berichterstattung von den jeweiligen Spielen der Mannschaften. Da ich gerne Fußball schaute und die Aufgabe als sehr ansprechend empfand, bot ich mich sofort an und hatte so meine Hauptaufgabe für die Zukunft gefunden. Da ich aber eine Ausbildung im Computertechnischen Bereich gemacht hatte, gründete ich meine Selbständigkeit auch in dieser Richtung. Ich übernahm für meine Kunden die Computerwartung und Reparaturen sowie Verbesserungen der Hardwareausstattung, aber auch Netzwerkwartungen und ähnliche Wünsche in Bezug auf die IT gehörten zu meinem Geschäft. Alles in allem lief meine Selbständigkeit aber eher schleppend an und ich konnte nur davon leben, weil ich wenig Ausgaben und noch eine Förderung durch das Arbeitsamt hatte. Ich war zwar mit mir und meiner Arbeit im großen und ganzen zufrieden, aber ich wusste, dass dies nicht ewig so laufen könnte, und ich dringend

mehr Aufträge oder doch noch eine
Festanstellung brauchen würde, um wirklich
ein festes Standbein auf dem Arbeitsmarkt
und für mein Leben zu haben. Es gab viele
Tage, an denen ich nicht wusste, ob das alles
wirklich klappen würde und ich mich so nun
die nächsten Jahre über Wasser halten
könnte. Ich fühlte mich oft überfordert, hatte
Zukunftsängste hinzu kam noch, dass ich
mich auch oft einsam fühlte. Es war schon
eine Weile her, dass ich eine Partnerin hatte.
Ich kümmerte mich ausschließlich um meine
Selbständigkeit und nicht um die Suche nach
einer neuen Partnerin. Diese Dinge sorgten
dafür, dass ich öfter mal abends zu
Bierflaschen griff und mir den Frust etwas
von der Seele trank. Natürlich wusste ich,
dass die Probleme dadurch nicht weg waren,
aber die Gedanken daran wurden für eine
gewisse Zeit betäubt und unterdrückt. Das
reichte mir. Mit der Zeit wurde das zum
Ritual, welches ich 2 bis 3 Mal die Woche
durchzog. Am Ende wurden meine
Probleme durch diese Aktion nur grösser,
denn ich nahm Gewicht zu und wurde
immer antriebsloser .Es kam der Zeitpunkt,
wo mir klar wurde, dass ich dringend etwas
an mir und meinem Körper arbeiten musste,

um wieder fitter zu werden und auch etwas an Gewicht zu verlieren. Der Entschluss war gefasst und ich schaute mich im Internet nach Fitnessgeräten um. Letztendlich entschied ich mich für ein Laufband. Ich bestellte mir ein durchschnittlich gutes Gerät und legte sofort nach der Lieferung los. Ich nutzte das Laufband jeden Tag und merkte, dass ich mich, von der Fitness her, auch verbesserte. Meine Kondition wurde besser. Einzig die Waage zeigte immer noch unbefriedigende Zahlen an. Mein Gewicht pendelte immer so zwischen 105 bis 110 Kilo. Ich habe in diesem Fall noch Glück, dass ich 1,92 m groß bin und somit noch halbwegs normal von der Figur her aussah, jedoch waren der Bauch und die Fettpolster immer wieder mal erkennbar. Aber ich blieb eisern und trainierte weiter auf dem Laufband besser noch, ich erweiterte das Training sogar.

Mein schlimmster Tag

Am 25.Mai 2007 bin ich gegen 13:00 Uhr erneut auf das Laufband gestiegen, machte meinen Mp3-Player an und lief los. Ich war etwas träge, da ich einen leichten Kater vom Vorabend hatte. Etwa drei Flaschen Bier hatte ich mir gegönnt und war relativ lange wach gewesen. Trotzdem hielt ich das Training nun für eine gute Idee, um wieder munter zu werden. Der erste von meinen 2 Durchgängen, bei denen ich jeweils 15Minuten in Bewegung blieb, war erledigt und ich merkte, dass ich wirklich nicht gut in Form war. Der Puls raste und das Herz pochte auch ordentlich, der Schweiß lief. Ich machte 5 Minuten Pause und trat etwas auf der Stelle. Dann ging es zum 2.Durchgang wieder auf die Tretmühle. Nach wenigen Minuten bekam ich stechende Kopfschmerzen in der Höhe meiner rechten Schläfe. Ich dachte, das wäre wieder nur die Kater-Erscheinung und wollte meine 15 Minuten noch zu Ende laufen, doch der Schmerz nahm immer mehr zu und ich fühlte mich nun auch etwas benommen, ein leichtes Schwindelgefühl überkam mich. Ich beschloss, das Training abzubrechen und ging ins Wohnzimmer. Dort setzte ich mich auf die Couch, damit sich mein Puls wieder normalisieren konnte. Aber es wurde nicht besser und deshalb legte ich mich nun richtig auf die Couch. Ein Freund und Kollege von mir war Personal Trainer und kannte sich somit mit Training und dem drum herum aus. Ich rief ihn an und fragte, ob ich meinen Kreislauf vielleicht überfordert haben könnte. Nachdem ich ihm alles berichtet und meine schlechten Gefühle beschrieben hatte, ging wohl auch er davon aus, dass mein Kreislauf am Boden war. Ich sollte aufstehen und mir etwas zu trinken holen. Klang nach einem logischen Rat, denn es war ziemlich heiß draußen und somit auch in meiner Wohnung. Während ich mit meinem Kollegen telefoniert hatte, fühlten sich mein Arm und auch mein Bein an, als wenn sie eingeschlafen wären. Dieses leichte Kribbeln, welches nachher beim Aufwecken immer noch viel unangenehmer wird. Das kennt ja jeder. Ich beendete das Telefonat, um dem Ratschlag meines Freundes zu befolgen. Ich stand auf. Was ich nicht sofort registrierte war, dass mein Arm absolut locker an mir herunter hing. Gerade, als ich den ersten Schritt machen wollte, stürzte ich nach vorne links und knallte mit meinem Oberkörper erst auf meinen Computertisch und dann auf den harten Fussboden. Zuerst war ich etwas erschrocken und verwundert, dann ärgerte ich mich darüber, dass ich offenbar zu blöd zum Laufen war, da ich gestolpert sein musste. Ich griff mir zuerst an die wohl geprellten Rippen, um zu ertasten, ob ich mir was gebrochen hatte. Es schien alles in Ordnung. Naja, bis auf den Schmerz eben. Nun wollte ich wieder aufstehen, bemerkte aber, dass dies irgendwie nicht ging. Das rechte Bein und der Arm machten was sie sollten, aber meine linke Seite funktionierte irgendwie nicht mehr. Ich konnte mich gerade mal auf die Seite und dann auf den Rücken rollen. So lag ich nun auf dem Fussboden und überlegte, immer noch leicht verwirrt, was nun überhaupt passiert war. Kurze Zeit später merkte ich, dass ich das Telefon noch in meiner rechten Hand hielt. Sofort tätigte ich die Wahlwiederholung und mein Kollege ging erneut ans Telefon. "Chris? Ich bin es noch mal, ich kann mich nicht mehr bewegen und liege auf dem Fussboden, ich bin gestürzt und komme nicht wieder hoch." sagte ich zu ihm. Er war

geistesgegenwärtig und erwiderte sofort:
"Ich ruf dir einen Rettungswagen!" Ich wies
ihn nochmals darauf hin, dass ich auf dem
Boden lag und nicht zur Tür kommen
würde. Danach rief ich meinen Vater an und
sagte ihm, dass es mir nicht gut ginge. Er
machte den Eindruck auf mich, dass ich
vielleicht etwas überzogen reagieren würde,
aber er versprach mir, meine Mutter zu mir
hinzuschicken. Kurze Zeit später rief ich
meinen Vater nochmals an. Mit panischer
Stimme sagte ich ihm, dass es mir immer
schlechter ging. Zum Glück traf jetzt auch
meine Mutter im Geschäft von meinem
Vater ein. Ich erzählte ihr auch noch einmal
von meinem schlechten Befinden. Sie
versprach mir sich sofort auf den Weg zu
mir zu machen. Es klingt komisch, aber es
beruhigte mich, dass nun jemand unterwegs
zu mir war. Allerdings fiel mir nun auch
wieder ein, dass ich ja immer noch nicht zur
Tür gehen und diese öffnen konnte. In
diesem Augenblick kam mir der rettende
Gedanke. Mein alter Bekannter aus der
Ausbildung hatte ja einen Schlüssel zu
meiner Wohnung. Wir hatten irgendwann
die Schlüssel ausgetauscht, da wir sehr nah
beieinander wohnen, falls sich mal einer von

uns aussperren würde. Wieder nahm ich das Telefon und rief meinen Bekannten an. Anfangs ging er nicht ans Telefon, aber dann erreichte ich ihn doch noch. Ich erklärte ihm schnell, dass ein Rettungswagen und meine Mutter auf dem Weg zu mir waren und er ganz schnell zu mir kommen müsse, da die Leute gleich vor der Tür stehen und er meine einzige Chance war, dass man zu mir reinkommen und ich versorgt werden könnte. Er versprach mir sofort rüber zu kommen. Kurz nachdem er aufgelegt hatte, kam ich etwas zur Ruhe.

Plötzlich schoss ein fürchterlicher Gedanke durch meinen Kopf. Wenn ich jetzt sterben würde, hätte ich mich weder von meiner Familie noch von meinen Freunden verabschieden können. Keinem hätte ich noch einmal sagen können, wie sehr ich ihn liebte. Meinem Vater nicht, meiner Mutter nicht, weder meinem Bruder noch meiner Oma, keinem. Dann klingelte es bereits bei mir an der Tür. Chris hatte sich aus dem Telefonbuch einen Nachbarn von mir rausgesucht und ihm gesagt, dass er die Sanitäter ins Haus lassen und zu meiner Wohnung führen sollte. Ich hörte wie die

Sanitäter riefen, ob ich noch in der
Wohnung und bei Bewusstsein sei. Ich
bejahte beides und wies die Sanitäter darauf
hin, dass jemand auf dem Weg sei, der die
Tür öffnen würde, da ich dies nicht schaffen
könne. Mir wurde auch versichert, dass im
Zweifelsfall die Polizei gleich nach kommt
und im Notfall einen Schlüsseldienst zum
Öffnen der Tür beordert. Das war aber nicht
nötig, denn meine Mutter und mein
Bekannter mit dem Schlüssel kamen nun
auch gerade an. Es war etwa 16 Uhr, als ich
sah wie die Wohnungstür aufging und die
Sanitäter auf mich zu kamen. Sofort wurde
mir eine Sauerstoffmaske aufgesetzt. In der
Tür standen auch zwei Polizeibeamte. Meine
Mutter kniete sich an meine Seite. Ich sah
sie an und fragte sie etwas, was ich nie
wieder werde vergessen können. "Muss ich
jetzt sterben?". Sie antwortete mir mit einem
aufmunternden „Nein! Du hast ja jetzt
ärztliche Hilfe!". Natürlich war mir klar,
dass sie es nicht wirklich wusste und das nur
zu mir sagte, damit ich nicht noch mehr in
Panik gerate. Später erzählte sie mir, dass
ich sehr schlimm ausgesehen hatte, meine
Lippen waren blau und ich war sehr blass,
total verschwitzt und meine linke

Körperhälfte lag einfach nur da und bewegte sich überhaupt nicht. Nach der Erstversorgung durch die Rettungssanitäter, legten diese mich auf die Trage und brachten mich zum Krankenwagen. Meine Mutter nahm die Treppe und die Sanitäter fuhren mit mir im Fahrstuhl runter, wo meine Mutter und mein Kollege bereits standen. Am Krankenwagen angekommen, wurde meine Mutter nicht mehr zu mir gelassen: "Das möchten sie nun lieber nicht sehen, glauben sie mir", sagte der Sanitäter zu meiner Mutter. Meine Mutter ging davon aus, dass ich mich im Krankenwagen übergeben hatte, da ich bereits auf dem Weg zum Rettungswagen über Übelkeit geklagt hatte, ganz zu schweigen von den starken Kopfschmerzen, die ich hatte. Laut meiner Mutter, kam dann noch ein Notarztwagen. Um 17.00 Uhr fuhr man mich dann ins Krankenhaus. Ab diesem Moment kann ich mich an nichts mehr erinnern. Man brachte mich damals in das Klinikum Friedrichshain, wo ich wenig später im OP lag und gut 5 Stunden lang am Kopf operiert wurde. Meine Eltern durften erst ab 18:00 Uhr in der Notaufnahme nach mir fragen. Sie wurden zur Intensivstation geschickt, wo

ein Arzt ihnen die Diagnose,
„Gehirnblutung" mitteilte. Er erklärte, dass
ich bereits im Operationssaal liegen würde
und es ein sehr schwieriger Eingriff wäre.
Der Arzt unterrichtete sie auch darüber, dass
man überlege, mich nach der Operation in
ein künstliches Koma zu versetzen, damit
der Körper sich besser regenerieren könnte.
Da der Warteraum nicht sehr einladend war,
empfahl er meinen Eltern erst mal nach
Hause zu fahren und versprach sofort
anzurufen, wenn ich aus dem OP kommen
würde. Diese Nachricht mussten sie nun
einmal verarbeiten. Meine Eltern fuhren zu
meiner Oma, um ihr von den Geschehnissen
der letzten Stunden zu berichten. Sie haben
meinen Bruder angerufen und auch er fand
sich bei meiner Oma ein. Auch meine
anderen Grosseltern wurden in ihrem
Sommersitz in der Lüneburger Heide
telefonisch unterrichtet. Gegen 22:00 Uhr
hielten es meine Eltern aber nicht mehr aus
und machten sich nochmals auf den Weg
ins Krankenhaus. Unterwegs, so gegen
22.30 Uhr, erhielten sie den Anruf vom
Krankenhaus, dass die OP vorbei wäre.

Mein erwachen

Als ich wieder zu mir kam, fühlte ich mich sehr müde und geschafft. Wohl kein Wunder nach dieser OP. Ich lag im Bett und konnte mich kaum bewegen. Aus meinem Mund ragte ein Schlauch, der an einer Beatmungsmaschine angeschlossen war. Ich wusste in diesem Augenblick nicht mehr, was mir passiert war. Meine Eltern standen an meinem Bett.
Es würde alles wieder gut werden und ich solle mich ausruhen, meinten sie zu mir. Da fiel mir ein, dass ich ja einen Kater zu Hause hatte und wurde etwas unruhig, weil ich nicht wusste, was nun mit Achilles war. Ich nahm die Hand meiner Mutter und schrieb ihr Buchstabe für Buchstabe den Namen Achilles in die Handfläche. Anfangs verstand sie mich nicht, da ich sehr hektisch schrieb. Nur das „A" und am Ende das „S", konnte sie erkennen. Doch dann verstand sie, um was oder wen es mir ging. "Es geht ihm gut, wir kümmern uns um ihn", sagte meine Mutter zu mir und erst nachdem sie mir dies gesagt hatte, wurde ich etwas ruhiger. Der Arzt erklärte meinen Eltern,

dass es besser wäre, mich nicht in ein künstliches Koma zu versetzen. Die Ärzte wollten so schnell wie möglich sehen, welche Schäden ich durch die Gehirnblutung erlitten hatte, um dann gleich mit der Rehabilitation anfangen zu können. Ferner wurde ihnen mitgeteilt, dass ich wohl 5 Tage auf der Intensivstation bleiben müsse und mein Zustand bis dahin kritisch sei. Es könnten eventuell noch Nachblutungen auftreten. Inzwischen war es Zwei Uhr nachts. Damit meine Eltern auch erst einmal nach Hause fahren konnten, um sich von den dramatischen Geschehnissen dieses Tages zu erholen, erhielt ich ein Beruhigungsmittel in meinen Tropf, wodurch ich kurze Zeit später auch einschlief.

Am nächsten Tag waren meine Eltern gegen 10.00 Uhr bei mir im Krankenhaus. Ich war immer wieder eingenickt, aber zwischendurch konnte ich schon kurze Fragen aufschreiben. Erst schrieb ich immer mit dem Finger auf der Bettdecke, aber dann bekamen wir von einem Pfleger Papier und einen Kugelschreiber. Die Buchstaben waren zwar sehr zittrig, aber man konnte erkennen, was ich wissen wollte. Ich bat darum, dass mein Bruder mich besuchte. Er war schockiert von meinem Anblick. Er sah mich mit dem Beatmungsschlauch im Mund, die Beatmungsmaschine war allerdings nicht in Ordnung, denn immer, wenn ich am Einschlafen war, zeigte sie Atemprobleme an. Dann wurde ich mit den Worten „Du musst atmen" von meiner Mutter wieder geweckt. Gut das eine Schwester meine Eltern über den Defekt informierte, sonst hätte mich meine Mutter, vor lauter Angst, gar nicht mehr schlafen lassen. An mir hingen sehr viele Schläuche. Mein Kopf war halb rasiert und man sah die frische Narbe, die mit 40 Klammern zugehalten wurde, einzig ein Pflaster verdeckte einen Teil der OP-Wunde. Zusätzlich hing ich an einem Tropf und in meinem Kopf war eine Gehirnsonde eingeführt, die den Druck in meinem Schädel kontrollierte. Meine Augen bewegten sich kaum und sahen glasig aus. Mein Bruder hatte das Gefühl, als wenn ich durch ihn hindurchblicken und gar nicht richtig wahrnehmen würde. Meine linke Körperhälfte zuckte unter der Bettdecke immer wieder durch die spastische Lähmung.

Meine Eltern waren jeden Tag gut 10 Stunden lang bei mir. Sie kamen morgens zwischen 9 und 10 Uhr und fuhren um 20 Uhr nach Hause. Ein großes Problem war jetzt mein Gedächtnis. Es hieß, dass durch die Gehirnblutung und der damit verbundenen Gehirnzellenvernichtung mein Kurzzeitgedächtnis nicht richtig funktionieren würde. So vergaß ich immer wieder, was mit mir geschehen war und meine Eltern mussten mir andauernd die gleichen Fragen, die ich auf den Zettel schrieb, zu meiner Gehirnblutung beantworten. " Wo bin ich? Was ist passiert? Werde ich Schäden zurückbehalten?

Am Pfingstsonntag wollten wir uns eigentlich alle zum Grillen bei meinen Eltern in Karow treffen. Nun trafen wir uns an meinem Krankenbett und versuchten die Ereignisse so gut wie möglich zu verarbeiten. Erst am nächsten Tag, es war der Pfingstmontag, befreite man mich von der Beatmungsmaschine und erlöste mich dadurch von dem Schlauch in meinem Mund. Ich kann mich nicht mehr daran erinnern, ob das Entfernen irgendwie schmerzhaft oder unangenehm für mich war.

Aber ich war mit Sicherheit froh darüber, dass der Schlauch endlich weg war. Wirklich gesprochen habe ich allerdings noch nicht, es kamen nur einzelne Worte zu Stande und selbst diese strengten mich noch sehr an. Mir fiel ein, dass ich ja hätte arbeiten müssen in diesen Tagen, es war das Pokalfinale zu machen. Mein Vater hatte meinen Chef natürlich informiert, dass ich ausfallen würde. Ich weinte an diesem Tag sehr viel. Nicht nur durch meinen Zustand, sondern auch, weil ich mir Sorgen um meinen Job machte. Mein Bruder kam mich wieder besuchen und brachte seine Freundin mit. Auch bei diesem Besuch flossen bei mir die Tränen. In erster Linie aber auch, weil ich mich sehr freute, dass mein Bruder bei mir war. Zur Freude aller Beteiligten wurde ich am Dienstag von den meisten Geräten und Schläuchen befreit und hatte nur noch den Katheter und eine Zufuhr für das Schmerzmittel in meinem Körper. Durch das Schmerzmittel war ich meistens am Schlafen und bekam nicht wirklich viel mit.

Die Zeit auf der Intensivstation war nun überstanden und ich soweit auf einem guten Weg und „Über dem Berg". Man verlegte

mich am Mittwochnachmittag, es war der
30.Mai auf die Station 26, das war im
Klinikum Friedrichshain die „Normale"
Station für Neurologie. Somit konnten mich
endlich auch Freunde und Kollegen
besuchen kommen. Gleich am Abend
schauten meine Kollegen von e*Message
vorbei. Robert und Chris, der mir am 25. ja
den Rettungswagen gerufen hatte, hatten nur
drauf gewartet, dass sie mich endlich
besuchen durften. Ich freute mich sehr auf
die Zwei. Robert war schon von Anfang an
einer meiner Lieblingskollegen und Chris
kam später neu in die Firma, auch wir haben
uns von Beginn an blendend verstanden und
viel Zeit miteinander verbracht. Mit den
Beiden hatte ich am Tag der Gehirnblutung
auch telefoniert. Ich konnte mich nun
persönlich bei Chris dafür bedanken, dass er
mir den Rettungswagen gerufen hatte. Wir
versuchten uns etwas von der
Krankenhausatmosphäre abzulenken und ein
wenig zu reden, viel konnte ich immer noch
nicht sprechen. Robert ist allerdings eine
gute Plaudertasche und sprach somit genug
für uns beide. Im Grunde wollten sie ja auch
nur hören, wie es mir geht und mich etwas
aufmuntern.

Meine Mutter erzählte uns dann, dass der
Sozialdienst mit ihr gesprochen und für
mich eine Früh-Reha beantragt hatte. Es
hieß, je schneller ich mit der Reha beginnen
könnte, desto besser wäre es für mich. Ich
wurde langsam sehr müde und bekam nicht
mehr viel von den Beiden mit, am
Nachmittag war auch meine Tante noch kurz
da. Diese Besuche waren sehr anstrengend
für mich und meine Aufmerksamkeit war
auch noch sehr gering. Damit mich die
Besuche nicht mehr so sehr anstrengten,
machten meine Eltern eine Besucherliste.
Die Besuche wurden zeitlich so abgestimmt,
dass ich zwischendurch immer wieder
schlafen konnte und mich von den Besuchen
ausruhen konnte. Kay, noch einer meiner
Lieblingskollegen von e*Message, kam am
nächsten Abend zu Besuch. Er hatte bei
seiner Tante einen ähnlichen Fall, wie den
Meinen, miterlebt und konnte mich und
meine Eltern etwas aufmuntern, in dem er
uns davon berichtete. Sie hatte sich damals
gut erholt und es blieb kaum ein Schaden
zurück. Mein Gedächtnis machte mir weiter
stark zu schaffen. Ständig sagte ich zu Kay:
„Mensch, ich muss ja noch Zähne putzen".
Dabei hatte ich das schon längst getan. Das

Spielchen wiederholten wir noch einige
Male. Er sagte dann immer: „Hast du schon
gemacht." Er muss mich in diesem Moment
für einen sehr reinlichen Kerl gehalten
haben. Hätte er mich nicht davon abgehalten
und mir gesagt, dass ich schon geputzt habe,
hätte ich mir wohl die Zähne komplett
weggeschrubbt.

Es war Freitag und die Blutung eine
komplette Woche her. Ich hatte nun
keinerlei Schläuche mehr am Körper.
Eigentlich hatte der Arzt meiner Mutter
gesagt, dass wir mit dem Bett in den Garten
dürfen. Aber nun lag ich auf einer Art
Luftmatratze, die an der Steckdose hing. Sie
wurde ständig durch einen Kompressor
aufgepumpt und summte die ganze Zeit. Ich
hatte bereits eine Wasserblase am Fuß und
man wollte weitere wunde Stellen
vermeiden. Mit der Beseitigung des letzten
Schlauches am Körper verlor ich den
Katheter. Nun musste ich eine Ente für das
kleine und die Bettpfanne für das große
Geschäft benutzen. Was die Ente anging
kam ich stellenweise damit klar, auch das
hatte etwas gedauert bis mein Gehirn den

Ablauf der Benutzung richtig eingespeichert hatte. Ich lernte damals nur sehr langsam und beschwerlich. Ich glaube, dass ich öfter sogar schneller laufen ließ, bevor die Ente in der richtigen Position war. Mein Bett musste öfter neu bezogen werden, ich war immer noch etwas benebelt und hatte dadurch Probleme mit der richtigen Reihenfolge bei der Entenbenutzung. Ich wollte gar nicht wissen, wie viel die Hauswäscherei durch mich zu tun hatte. Aber so richtig gehasst habe ich die Bettpfanne. Da muss es doch was Besseres geben, ich habe mir so sehr gewünscht einfach aufstehen und zum Klo laufen zu können. Man fühlte sich so richtig unselbständig und als totaler Pflegefall. Die einfachsten und selbstverständlichsten Dinge konnte ich nicht alleine ausführen. Zum Glück lag ich in dieser Zeit in einem Zweibettzimmer und blamierte mich so nicht vor vielen anderen.

Am Abend kam auch schon wieder Chris zu mir und steigerte meine Laune. Das einzige, was bei Chris noch fehlte, war eine Gitarre, dann hätte er für noch mehr Unterhaltung sorgen können. Die Schwestern hatten abends viel mit mir zu tun. Da ich ab 20.00

Uhr öfter mal den Klingelknopf benutzte.
Wenn ich alleine war fühlte ich mich immer
sehr unbehaglich und etwas ängstlich, wenn
keiner in meiner Nähe war. In dieser Zeit
nutzte ich den Klingelknopf, wie andere
Menschen einen Lichtschalter. Zum Glück
bekam ich tagsüber viel Besuch.

Mein erstes Lächeln

Es war wieder Sonntag. Oma kam mich an diesem Sonntag besuchen, sie unterstützte meine Eltern enorm, da sie sich viel um meinen Kater kümmerte. Sie hat meinen Achilles richtig lieb gewonnen und genoss es, meine Eltern in diesem Punkt zu entlasten. Zusätzlich freute sie sich darüber endlich wieder eine Aufgabe zu haben, bei der sie öfter mal von zu Hause raus kam und unterwegs war. Die Unterstützung hatten meine Eltern bitter nötig, denn sie waren nur noch unterwegs, unterwegs zu mir, zu meinem Kater und zur Arbeit. Der eigene Haushalt und auch das „normale Leben" blieben daher auf der Strecke. Meine anderen Grosseltern wollten mich nun auch in den nächsten Tagen das erste Mal besuchen kommen. Sie waren die ganze Zeit über in der Lüneburger Heide und hatten Urlaub gemacht. Meine Eltern waren erleichtert über meine Fortschritte. Ich sprach zwar immer noch sehr leise und wenig, aber ich lächelte das erste Mal wieder und dies tat ich ab diesem Zeitpunkt auch öfter .So langsam hatte ich wohl den

ersten Schock überwunden und fühlte mich,
allein durch die ganzen Besucher, viel
besser. Als meine Grosseltern dann am
Dienstag kamen, hatte mein Opa seine
Kamera dabei und schoss einige Bilder von
mir. Ich hatte mittlerweile einen Verband
um den Kopf, so konnte man die Klammern
und Fäden nicht mehr sehen. Ich fand es
zuerst sehr unpassend, aber später halfen mir
die Bilder, da ich sehen konnte, wie ich nun
eigentlich aussah. Ich hatte vorher keine
Chance gehabt, mal in einen Spiegel zu
sehen.

Am Mittwoch, den 6. Juni, kam mich mein
bester Freund Nico das erste Mal besuchen.
Wir kannten uns schon seit der Grundschule
und ich war sehr glücklich, ihn zu sehen.
Wir haben viel geredet. Er spielt Gitarre in
einer Band, sie konnten aber derzeit nicht
proben, da nach dem letzten Regen der
Probenraum unter Wasser stand. Die Zeit
mit Nico ging wahnsinnig schnell vorbei.
Das könnte natürlich auch wieder an
meinem Gedächtnis gelegen haben, dass es
mir so erschien.

Der folgende Donnerstag wurde zur Hölle,
im wahrsten Sinne des Wortes, wir hatten
nun hochsommerliche Temperaturen und die
Hitze setzte mir sehr stark zu. Meine Eltern
kühlten immer wieder meinen Kopf,
trotzdem schwitzte und stöhnte ich extrem
viel. Es ist wirklich nicht empfehlenswert im
Sommer eine Gehirnblutung zu haben oder
im Krankenhaus zu liegen. Mein Bruder
kam mich erneut besuchen, am Abend hatte
sich auch Kay wieder angekündigt, beide
hatten allerdings Pech mit mir, denn das
Wetter hatte mich sehr geschwächt und mit
mir war so kaum noch etwas anzufangen. Im
Gegenteil, ich war sehr froh als der Tag zu
Ende war und ich schlafen konnte.
Zumindest in der Nacht hatten wir zum
Glück etwas angenehmere Temperaturen.
Schon wieder Freitag und somit waren 2
Wochen seit der Blutung vergangen. Für
mich war es fast immer noch so schlimm
wie vor 2 Wochen. Dieses hilflos im Bett
liegen und nichts tun zu können, nervte mich
allmählich.

Es kam hier und da eine Physiotherapeutin,
aber das war dann meist nur für 15 Minuten
oder so. Die ganze Zeit über schaute ich nur

TV und brütete in der Hitze. Ich konnte nun auch nachts nicht mehr richtig schlafen und hielt die Schwestern auf Trab. Der Arzt sprach mit meinen Eltern und empfahl, dass man mir nachts Medikamente geben sollte, damit ich besser schlafen konnte und die Schwestern auch Zeit für die anderen Patienten hätten.

Am folgenden Montag sollte ich aus der Klinik in Friedrichshain heraus in die Reha-Klinik nach Grünheide verlegt werden, da man meinen Antrag zur Früh-Reha genehmigt hatte. Vorher waren noch Abschlussberichte und eine abschließende Angiographie von meinem Gehirn fällig. Für die Untersuchung musste ich nüchtern bleiben, das war bei der Hitze gar nicht so einfach. Somit war ich noch genervter als sonst. Immer wieder fragte ich meine Eltern und die Schwestern, wann es endlich los-gehen würde. Als es endlich soweit war, wurde mir ein Katheter mit einem Führungsdraht in meine Leistenarterie eingeführt und an meinem Herzen vorbei bis hoch in die Halsschlagader und von dort in die rechte Hirnhälfte geführt. Eine widerliche Untersuchung. Ich dachte immer nur „Führt das ganze schön um das Herz drum herum und nicht mitten durch". Noch schlimmer war allerdings das Brennen in meinem Kopf, als man das Kontrastmittel durch den Katheter in meine Venen spritzte. Aber das musste sein, denn nur so konnten die Neurologen meine Gefäße und Venen auf dem Röntgen-Bildschirm darstellen. Das ganze war nach gut einer Stunde überstanden. Das heißt nicht ganz, denn nun musste sich die Leistenarterie wieder richtig schließen und daher wurde mir ein Druckverband angelegt. Das Desinfektionsmittel brannte unter dem Druckverband auf der rasierten Leiste und auch der Druckverband an sich war relativ unangenehm. Ganze 4 Stunden musste ich nun so mindestens aushalten, dann konnte der Verband abgenommen werden. Ich war mächtig froh als diese Zeit rum war. Damit stand meiner Verlegung in die Reha-Klinik nichts mehr im Wege. Mein Vater würde mich begleiten. Nicht nur auf der Fahrt dorthin mit dem Krankenwagen, sondern er würde auch überhaupt die erste Zeit dort bei mir bleiben. Es gab die Möglichkeit, mein Zimmer um ein Bett aufstocken zu lassen und das wollten meine Eltern auch machen,

damit ich in der schwierigen Zeit nicht
alleine war und Unterstützung hatte. Ich
freute mich sehr darüber und war gleich viel
weniger aufgeregt.

Meine Verlegung

Am Montag den 11.Juni 2007 war die Zeit im Krankenhaus Friedrichshain für mich zu Ende. Meine Mutter setzte meinen Vater bei mir im Krankenhaus ab, damit er später mit mir im Krankenwagen mitfahren konnte. Es ging Richtung Reha-Klinik. Meine Aufregung steigerte sich von Minute zu Minute. Am meisten hatte ich davor Angst, dass ich unterwegs aufs Klo müsste oder mir schlecht werden würde. Eigentlich total bescheuerte Gedanken, aber zu dieser Zeit hat mir das tatsächlich Probleme gemacht. Als es endlich losging, gab man uns Bescheid, dass wir uns den Krankenwagen noch mit einer anderen Patientin teilen würden. Sie sollte unterwegs dann auf dem Weg in die Reha-Klinik noch abgesetzt werden. So ging es also los. Der Krankenwagen war so ein alter VW-Bus. Es wurde daher eine etwas holprige Fahrt. Über mir an der Decke des Wagens befand sich eine kleine Luke, die ständig klapperte. „Irgendwann fällt sie ab und mir genau auf die Nase", dachte ich die ganze Zeit. Die Fahrt dauerte gut 1 Stunde. Die letzten 10 Minuten vergingen überhaupt nicht. Immer wieder fragte ich meinen Vater: "Wann sind wir endlich da?" Und immer die gleiche Antwort: „Gleich!" Erstaunlich wie glücklich man sein kann, wenn man eine Autofahrt endlich hinter sich hat. Vielleicht war es auch nur so schlimm wegen der Aufregung und wegen des Transports im Liegen. Die Wärme an dem Tag war auch nicht unbedingt hilfreich für mich gewesen.

Die Klinik sah schon von Außen sehr nett aus und das wenige, was ich bislang vom Inneren sah, war auch in Ordnung. An der Information gab man meinem Vater unseren Zimmerschlüssel, Zimmer Nr. 123 .Dann fuhren wir in den 1. Stock und ich wurde in das Zimmer gebracht, wo ich von der Krankentrage auf mein Bett gelegt wurde. Kurze Zeit später kam auch schon die Stationsärztin, die mich freundlich begrüßte und uns Fragen zum bisherigen Krankheitsverlauf stellte. Meine Mutter war inzwischen auch eingetroffen. Sie brachte uns noch Kleidung mit und meinen Laptop. Als sie bei uns war, kam Schwester Hannelore und erklärte, dass sie gleich mit meinem Rollstuhl kommen würde. "Mein Rollstuhl", also sehr begeistert war ich ja

nicht gerade davon. Obwohl der Gedanke
ganz nett war, endlich mal wieder aus der
Waagerechten raus zu kommen. Man musste
mir natürlich in den Rollstuhl hinein helfen,
aber das machte Schwester Hannelore in
einer absolut routinierten Bewegung und
schon saß ich, zum ersten Mal seit 2
Wochen. Meine Mutter fand das ganz toll,
so was sah sie offenbar schon als ersten
Fortschritt an, konnte man wohl auch so
sehen. Am 1. Tag habe ich den Rollstuhl
allerdings nur für eine kurze Fahrt zum
Abendessen genutzt. Das war schon
aufregend genug. Ich fühlte mich noch sehr
unbehaglich im Rollstuhl und überall waren
andere Patienten, wie ich. Einige liefen am
Rollator, andere am Gehstock, viele saßen
aber auch im Rollstuhl. Zurück auf meinem
Zimmer sah ich dann, dass das zweite Bett
für meinen Vater auch schon reingestellt
worden war. Von der Schwester bekam ich
dann meinen ersten Therapieplan. Hier
waren alle meine Termine für den nächsten
Tag aufgeführt.

Am nächsten Tag standen Untersuchungen
und Bestandsaufnahmen meines Zustandes
durch die einzelnen Therapeuten auf dem

Programm. Da ich noch nicht sehr mobil
war, wurde das auf unserem Zimmer
durchgeführt. Am Nachmittag schauten wir
uns die Klinik an. Wir gingen raus, besser
gesagt, ich rollte raus und zum ersten Mal
seit langem spürte ich die Sonne in meinem
Gesicht. Zumindest auf der rechten
Gesichtshälfte, die Linke war komplett ohne
Gefühl. Die Klinik hat eine sehenswerte
Größe, es ist eine tolle Anlage mit 2
Gebäuden, die miteinander verbunden sind,
es gibt insgesamt 6 Seitenflure und einen
großen Speisesaal. Davor roch es nach
Chlor. Eine kleine Schwimmhalle gab es
dort neben auch noch. Am hinteren Ausgang
war eine kleine Cafeteria für die Patienten
und deren Besucher. Sogar ein See befindet
sich gleich hinter dem Hauptgebäude. Es sah
alles sehr gemütlich aus. Alles in allem
vermittelte die Anlage mehr das Gefühl,
man wäre in einem Hotel, als in einer
Klinik. Das gefiel mir sehr gut.

Am Mittwoch, den 13. Juni wurde meinem
Vater nach der Stationsvisite gesagt, dass
mein Zustand zu schlecht sei, um auf der
normalen Frührehastation zu bleiben. Die
Ärzte überlegten, mich auf eine intensiver

betreute Station zu verlegen. Das aber
wiederum würde bedeuten, dass mein Vater
nicht mehr bei mir bleiben konnte. Er war
sehr unglücklich über diese Nachricht, da er
wusste, dass es mir wichtig sei und auch
sehr half, dass er bei mir war. Zum Glück
setzte sich meine Stationsärztin Dr.Schulz
für mich ein und sorgte dafür, dass man
mich nicht verlegte. Die Situation war für
mich trotz der positiven Nachricht sehr
schwer und ich musste oft weinen und war
verzweifelt. Nach und nach wurden mir
immer mehr Dinge bewusst, die ich nicht
alleine machen konnte und es deprimierte
mich. Ob es nun der Gang zur Toilette oder
das Anziehen und Waschen war. Ich fühlte
mich wie ein Pflegefall, gut das bin ich ja
nun mal auch gewesen, aber es war wirklich
ein furchtbares Gefühl und ich hab mir
immer wieder die Frage gestellt, was ich tun
würde, wenn das so bleiben sollte. Ich war
froh, dass mein Vater immer für mich da
war. So konnte ich mich nachts auch
entspannen und schlafen. Abends schauten
wir uns Filme und Comedy-Serien im TV
an. Manchmal auch DVDs am Laptop. Die
Schwestern auf der ganzen Station waren
sehr nett und lieb zu mir. Ich war dort das

absolute Küken, da ich der jüngste Patient
war.

Morgens und abends stand Waschen auf
dem Programm. Manchmal ging man auch
einfach mit mir unter die Dusche. Es gab im
Bad einen Duschstuhl auf Rädern, dort
setzte man mich rein und schob mich unter
die Dusche. Das ganze ging immer ganz
schnell, denn die Schwestern hatten nicht
viel Zeit für die einzelnen Patienten. Das ein
oder andere Mal war ich sehr genervt von
dem Gehetze. Ich hab dann auch gesagt,
dass ich meinen Vater zur Hilfe habe und
man sich generell nicht groß um mich
kümmern müsste, es sei denn, es wäre nötig,
dann würde ich einfach klingeln. Mir war es
eh viel lieber von meinem Vater Hilfe zu
bekommen als von fremden Schwestern.
Später würde sich das Gefühl und die Scham
vielleicht legen, wenn ich die Leute alle
etwas kennengelernt haben, aber zu diesem
Zeitpunkt wollte ich einfach in Ruhe
gelassen werden und mit meinem Vater
zusammen die täglichen Dinge erledigen.

Der tägliche Therapieplan sah anfangs
immer gleich aus und bestand so aus 5-6

Anwendungen. Ergotherapie und Krankengymnastik hatte ich jeden Tag einmal drauf stehen. Die anderen Anwendungen waren eher zur Regeneration und bestanden aus Terminen in der Badeabteilung, wo ich dann Massagen oder Strombäder bekam. Aufgrund der schwere meiner Erkrankung wurde mir auch ein Psychologe zugewiesen, ich hatte in den ersten Reha-Wochen tägliche Sitzungen. Dort wurde nicht immer nur geredet, sondern auch viel Funktionstraining für das Gehirn durchgeführt. Mein Psychologe war sehr nett. Die erste Frage war nachher bei allen Psychologen die Gleiche: „Haben sie Selbstmord-Gedanken?“. Ich verneinte diese Frage, aber im Grunde war das gelogen. Es gab schon im Krankenhaus einige Phasen, wo ich an den Film „Million Dollar Baby“ von Clint Eastwood denken musste. Da hat Hillary Swank eine Boxerin dargestellt, die irgendwann im Ring einen Schlag auf den Kopf bekam und danach vom Hals ab gelähmt war. Sie wollte Selbstmord begehen, aber sie wusste nicht, wie sie das machen sollte, da sie sich ja nicht bewegen konnte. Sie biss sich dann die Zunge ab, um zu verbluten. Damals, als ich das im TV sah,

konnte ich sie verstehen und dachte mir,
dass ich es wohl genau so machen würde in
ihrer Lage. Ich befand mich zwar nicht in
einer so schweren Lage wie sie in dem Film,
aber diese Szene und der Gedanke daran
gingen mir einfach nicht aus dem Kopf.
Aber das behielt ich lieber alles für mich.

So nach und nach ging es mir auch besser.
Ich lebte mich etwas ein und hatte durch die
Therapien und das viele durch die Gegend
fahren auch wieder Appetit und aß mehr. In
der Ergotherapie hatte ich, mit Frau Fritz,
eine ganz liebe Therapeutin. Ich konnte
mich gut mit ihr unterhalten und sie war sehr
geduldig mit mir. Vom Typ her ganz anders
als meine Therapeutin in der
Krankengymnastik, die mir in der
Anfangsphase viel abverlangte. Sie hatte
einen harten Ton. Aber auch sie mochte ich
sehr gerne, denn ich brauchte so etwas zu
dieser Zeit. Frau Heinrich hatte den
Spitznamen „Der General", der passte gut zu
ihr. Am besten fand ich aber, dass sie trotz
der Härte auch sehr nett war .Wenn ich die
Übungen zu Ihrer Zufriedenheit ausführte,
lächelte sie sogar. Das sollte schon was
heißen, wenn sie zufrieden mit einem war.

Ich kam extrem ins Schwitzen bei ihr, denn das Wetter war noch recht warm und ich ohne Kraft. Es klingt vielleicht komisch aber jedes Mal, wenn wir mit der Therapie fertig waren fühlte ich mich stärker und war glücklich. Sie mobilisierte anfangs viel mein Bein. Man hatte mir schon erzählt, dass mein Bein Priorität hatte, damit ich wieder laufen lerne, der Arm war in der Reha erst mal ganz sekundär. Das war mir auch recht so. Ich wollte wieder laufen können. Wenn mein Vater in das Badezimmer ging, schaute ich ihm immer etwas eifersüchtig hinterher. Endlich wieder alleine ins Bad gehen zu können, das war einer meiner größten Wünsche.

Morgens rief meistens meine Mutter bei uns im Zimmer an. Mein Vater gab mir dann das Telefon aufs Bett, damit ich ran gehen und ihr „Guten Morgen" sagen konnte. Es war Freitag, der 15.Juni als meine Mutter zum ersten Mal das Gefühl hatte, dass ich wieder richtig gut am Telefon klang, beinahe wie der „Alte Sebastian". Meine Laune hatte sich gebessert durch die Therapien und auch durch die ganzen netten Menschen. Ich fühlte mich etwas wohler und hatte auch das Gefühl, dass ich kleine Erfolge bemerkte.

Einen ersten kleinen Dämpfer gab es aber auch schon bald. Am Sonntag rutschte mein Vater leicht weg als er mir beim Umsetzen vom Bett in den Rollstuhl half, so stürzte ich, und er musste mir vom Boden hoch helfen. Ich habe einen ganz schönen Schreck bekommen. Das hatte mich sehr an meinen Sturz nach der Blutung in meiner Wohnung erinnert. Sofort bekam ich leichte Panik durch die Erinnerungen und die Angst, dass ich mich verletzt haben könnte. Zum Glück ist mir aber nichts passiert. Mein Vater hatte sich dabei allerdings leicht gezerrt. War aber alles halb so schlimm und wir kamen mit dem Schrecken davon. Ich bekam nicht nur bei dem Sturz sondern auch bei vielen anderen Gelegenheiten nun Angstzustände und Panikattacken. Es kamen so langsam die Erinnerungen vom Tag meiner Gehirnblutung und dem drum herum zurück. Ich wurde immer schneller nervös und auch bei der Krankengymnastik, wenn ich ins Schwitzen kam und mein Puls schneller pochte, bekam ich leichte Panikattacken. Der Knackpunkt kam dann am Dienstag, den

19.Juni. Abends ging ich mit einer
Schwester unter die Dusche. Also besser
gesagt, ich saß unter der Dusche und sie half
mir beim Einseifen und abwaschen. Das
Wasser war allerdings sehr heiß und mein
Kreislauf wenig erfreut darüber. Mir wurde
kurz nach dem Duschen schlecht und ich
bekam Kopfschmerzen. Natürlich setzten
sofort wieder Erinnerungen und Panik ein.
Mein Vater hatte schwer damit zu tun, mich
zu beruhigen. Das war für ihn auch eine
ganz schlimme Situation. So extrem hatte er
es bei mir auch noch nicht mitbekommen.
Am nächsten Morgen stand ich auch noch
total neben mir und war viel am Weinen.

Seit einigen Tagen hatte ich morgens
Anziehtraining. Es kam eine
Ergotherapeutin zu mir auf mein Zimmer
und übte mit mir ab 07:15 Uhr das Anziehen
und Waschen. Ich lernte dabei, wie ich mich
nur mit dem rechten Arm waschen konnte
und nur mit Rechts meine Kleidung am
besten über die linke Seite bekam. An sich
ganz simple Techniken, aber die musste man
mir erst mal zeigen und was auch schwierig
war, ich musste sie mir vor allem auch
merken. Nach dem Anziehen ging es gleich

zum Frühstücksclub in den Aufenthaltsraum
der Station. Dort zeigte mir eine andere
Ergotherapeutin, wie ich mir mit Hilfe eines
Einhänderbretts meine Stullen oder
Brötchen schmieren kann. Auf dem Brett
waren rundum kleine Spieker, wo man das
Brot rein drücken konnte und auch 2 Spitze
Halterungen, wo man es aufspießen und so
feststecken konnte. Mein Vater ging derweil
allein runter in den großen Speisesaal, um
dort zu essen. Dies betraf nicht nur das
Frühstück, sondern sämtliche Mahlzeiten. Es
fiel mir jedes Mal schwer, ihn gehen zu
lassen, ich war sehr auf ihn fixiert in der Zeit
und nicht gerne von ihm getrennt.

Meine ersten Fortschritte

Die Krankengymnastik bei Frau Heinrich machte mir weiter großen Spaß. Es war zwar jedes Mal anstrengend und schweißtreibend aber ich hatte das Gefühl, dass es mir sehr half. Die Bestätigung kam ebenfalls schnell. Es war Samstag, der 23.Juni, ich lag abends im Bett und übte alleine die Anspannung meines Oberschenkels. Auf einmal rief ich dann nach Vati, der gerade im Bad war. Er kam zu mir und fragte, was los sei. Ich sagte ihm, er solle mal auf meinen Oberschenkel schauen. Er schaute, und ich spannte die Muskeln an. Tatsächlich sah man nun, wie sich der Oberschenkel anspannte. Die allererste Bewegung im Bein seit dem 25.Mai. Ich war irre stolz und hörte gar nicht mehr damit auf, den Oberschenkel immer wieder anzuspannen. Das war auch nicht der einzige Fortschritt. Ich bekam immer mehr Kontrolle über meinen Rumpf und damit ein besseres Gefühl für meine Haltung und mein Gleichgewicht.

In der Ergotherapie hatte man mir ein Rutschbrett gegeben, mit dem ich vom Bett in den Rollstuhl rutschen sollte, so würde ich keine Hilfe mehr beim Transfer benötigen. Ich nutzte das Rutschbrett aber kaum. Eine eigene Technik half mir beim Umsetzen. Ich stützte mich aufs rechte Bein und benutzte meinen rechten Arm als Lenkwerkzeug auf der rechten Lehne des Rollstuhls, nahm dann etwas Schwung und schwup saß ich im Rollstuhl. Ich gebe zu, dass es nicht sehr professionell aussah und ich durfte das auch nicht so oft in der Therapie machen, da ich jedes Mal Ärger bekam. Man wollte wohl nicht, dass ich mich zu viel auf meine rechte Seite konzentriere. Aber für mich war nur wichtig, dass ich einen weiteren Fortschritt an mir sah und vor allem nun keine Hilfe mehr beim Umsetzen benötigte. Naja, fast keine Hilfe, denn Vati stand jedes Mal vorsichtshalber daneben und passte auf, dass ich auf alle Fälle die Bremsen an meinem Rollstuhl festgestellt hatte und dass ich mit der rechten Hand am Rollstuhl nicht wegrutschte. Es war wieder Wochenende, also stand Besuch auf dem Programm. Das war immer eine willkommene Abwechslung und vor allem das einzig Aufregende am Wochenende, da es ja nur von Montag bis Freitag Therapien gab. Ich freute mich immer auf die Besuche. Am Sonntag hatten sich Nico und seine damalige Freundin Mareike angekündigt. Um zu mir zu kommen, mussten sie erst mit der Bahn und dann mit dem Bus fahren. Meine Mutter kam wie immer schon zum Mittagessen zu uns. Wir warteten danach auf die beiden Besucher. Direkt vor der Klinik war die Bushaltestelle. Doch als der Bus ankam, stiegen weder Nico noch Mareike aus. Wenig später klingelte mein Handy und Nico erzählte mir, dass sie den Bus verpasst hatten und der Nächste erst in gut einer Stunde fuhr. Meine Mutter stieg daraufhin kurz ins Auto und holte die Zwei vom Bahnhof ab. Ich habe mich tierisch gefreut, als die Beiden dann vor mir standen. Wir unterhielten uns viel und lachten eine Menge. Ich hab mich sehr wohl gefühlt und erzählte sofort von meinen Fortschritten mit dem Bein. Es war toll, zu merken, wie stolz alle auf mich waren und auch mein eigener Stolz stieg immer mehr. Ich freute mich immer mehr auf die weiteren Therapietage und konnte es kaum erwarten, dass es wieder Montag war. Es war der Zeitpunkt gekommen, wo ich mich an die Situation und vor allem an die Umgebung gewöhnt hatte und immer besser klar kam. Vielleicht war das der Grund dafür, dass nun auch die Fortschritte anfingen. Das ganze Drumherum stimmte nun langsam. Mit den ersten Anzeichen für Bewegung in meinem linken Bein wurden nun auch meine Motivation und mein Ehrgeiz angetrieben.

Am folgenden Montag, den 25.Juni, die Gehirnblutung war nun also genau einen Monat her, gab es für mich einen kleineren Rückschlag. Man erzählte mir in der Krankengymnastik, dass man für mich einen eigenen Rollstuhl beantragen würde. Dass ich zu Hause einen Rollstuhl haben oder brauchen würde, daran hatte ich noch gar nicht gedacht. Ich hatte fest daran geglaubt, dass ich auf meinen eigenen zwei Beinen aus der Reha-Klinik laufen würde. Zum ersten Mal kam mir nun der Gedanke, dass es vielleicht nicht so sein könnte. Natürlich war dies von den Therapeuten nicht so beabsichtigt, aber sie mussten natürlich für jeden vielleicht eintretenden Fall planen und vorsorgen. Eine Garantie gab es schließlich nicht, dass ich mein Ziel wirklich erreichen würde. Trotzdem zog mich der Gedanke erst mal wieder etwas runter. Ich hatte eine

leichte Abneigung gegen Rollstühle
aufgebaut. Mein jetziger, den ich von der
Klinik bekommen hatte, war zu klein für
mich. Immer, wenn ich länger als 1 Stunde
in dem Ding gesessen hatte, bekam ich
starke Schmerzen am Rücken und im
Hintern. Ich hatte schon einige Kissen in den
Rollstuhl bekommen, damit es bequemer
wurde, denn ich war ja am Tag gut 6
Stunden in dem Rollstuhl zu den Therapien
unterwegs. Aber das Hauptproblem lag
wirklich in der Größe. Die Mehrzahl der
Patienten war im höheren Alter und auch
relativ klein. Auf einen Mann in meiner
Gewichtsklasse und mit meiner Körpergröße
war man einfach nicht vorbereitet.

Im Haus gab es einen sehr netten Mitarbeiter
der Firma Nicolai, bei ihm war ich öfter mal
im Lager, um mir die Reifen aufpumpen zu
lassen und Kissen für den Rollstuhl
auszutauschen. Er war ständig auf Achse
und überall gerne gesehen. Ein Mädchen für
alles im Haus, was die Rollatoren und die
Rollstühle anging. Trotz des Stresses hatte er
immer ein Lächeln im Gesicht und fragte
mich immer, wie es mir ging. Er war

unheimlich nett. Ich freute mich jedes Mal, wenn ich ihn im Haus traf.

Ich hatte diese Woche wieder täglich das Vergnügen, um 7:15 Uhr von der charmanten Frau Goldberg aus der Ergotherapie geweckt zu werden. Das Anziehtraining ging weiter und sollte noch diese Woche weiter für ein frühes Aufstehen sorgen. Das Anziehen und Waschen klappte schon ganz gut, so musste sie mir gar nicht mehr groß helfen. Es ist erstaunlich, was es für einfache Tricks dabei gab. Man zeigte mir sogar eine Einhänderschleife für meine Schnürsenkel. Allerdings war dies nicht nötig, da ich auf Schuhe mit Klettverschluss umstieg. Aber trotzdem lernte ich das und war auch froh darüber. Ich nahm so viel wie möglich von allen Tipps mit. Die Therapien faszinierten mich immer mehr. Es war toll, was die Therapeuten machten. Es muss ein herrliches Gefühl sein, wenn man jeden Tag aufs neue Menschen helfen kann. Ich durfte nun mit meinem Vater im großen Speisesaal essen und konnte somit auch morgens immer mit ihm frühstücken. In der Ergotherapie hatte mir Frau Fritz dies mitgeteilt und sagte, dass man mir dann noch einen höheren Tisch hinstellen würde, damit ich nicht immer so zusammengefaltet sitzen muss. Im Speisesaal haben sehr nette Frauen gearbeitet, die zum Catering der Firma gehörten, die die Verpflegung der Patienten übernommen hatte. Allen voran Sylvie, sie schloss ich sofort ins Herz. Sie hatte irgendwie etwas Mütterliches an sich und ich fand sie super lieb. Da gab es auch schon mal einen Schokoladenpudding extra, damit der Tag gut starten konnte.

Am Dienstag den 3. Juli kam ich nach den Therapien auf die glorreiche Idee mal meine ganzen E-Mails mit Hilfe meines Laptops und meinem Handy abzurufen. Dies sollte sich in mehrerlei Hinsicht als Fehlentscheidung herausstellen. Zum einen waren es gut 4000 E-Mails, was bedeutete, dass ich satte 2 Stunden vor dem Laptop saß, um diese abzurufen und zum anderen kostete mich das Ganze auch noch 150 Euro, wie es sich später anhand meiner Handyrechnung herausstellte. Außerdem strengte mich das dann auch sehr an.

Als ich mit meinem Vater zum Abendessen runter fuhr, bekam ich Kopfschmerzen und

Übelkeit. Ich kam noch bis zum Eingang des Speisesaals und sah einen etwa 1,50 Meter hohen Tisch in der Ecke des Speisesaals stehen. Sylvie vom Catering stand schon in der Tür des Saals und schüttelte mit dem Kopf und zuckte mit den Schultern, sie wusste, dass die Leute von der Ergotherapie wohl einen Fehler gemacht hatten, was einen höheren Tisch für mich anging. Wie sollte ein Rollstuhlfahrer an so einem Tisch essen? Da hätte ich ja eine Hebebühne für gebraucht! Aber das alles interessierte mich zu diesem Zeitpunkt nicht, denn ich winkte nur noch ab und drehte um. Mein Vater war von dieser Aktion irritiert und fragte was los sei. Ich geriet wieder in Panik und sagte ihm kurzatmig, dass es mir nicht gut geht und ich einfach nur wieder nach oben will, um mich hinzulegen und wieder zu beruhigen. Ich merkte ihm an, dass er langsam etwas überfordert war mit diesen Panikanfällen. Ich hatte ein schlechtes Gewissen deswegen, aber ich wusste auch nicht, was ich dagegen tun sollte. War ja auch nicht so, dass ich es genossen habe, diese Panikanfälle immer zu bekommen.

Am nächsten Tag wandte er sich an die
Schwestern und an meinen Psychologen.
Man entschied nun, dass ich Tabletten in
Form von Antidepressiver bekommen sollte,
um möglichst diese Panikattacken zu
unterdrücken. Ich war an diesem Tag noch
total fertig vom Vortag und deprimiert
wegen meiner Anfälle. Bei der Ergotherapie
liefen mir wieder die Tränen, später bei der
Krankengymnastik genau so. Am folgenden
Morgen fand ich dann in meiner
Medikamentenschachtel, die ich ja jeden
Morgen zusammen mit meiner
Thrombosespritze bekam, zum ersten Mal
die Antidepressiver. Man gab mir zu Beginn
eine höhere Dosis, damit die Wirkung
schneller einsetzen konnte.

Das brauchte ich auch, denn es kamen
schlechte Nachrichten vom Arbeitsamt für
mich. Man hatte mir meine Förderung für
die Selbständigkeit gestrichen, da man
anhand meiner bisherigen Abrechnungen
nicht überzeugt davon war, dass ich mein
Geschäft wirklich zum Laufen bekommen
würde. Das hat mich ein wenig geärgert,
aber ich sagte mir, dass es im Grunde egal

war, denn keiner wusste, wann und ob ich wieder arbeiten gehen könnte.

So langsam wirkten meine neuen Tabletten und ich wurde ruhiger und auch ausgeglichener. Meine damalige Psychologin sagte, dass ich einfach auch meine Fortschritte durch die Depressionen nicht richtig wahrgenommen hatte. Ein anderes Problem war auch noch mein Neglect. Das hieß, dass mein Gehirn Dinge, die links von mir waren nicht richtig wahrnehmen konnte. Eine neurologische Aufmerksamkeits-Störung, die typisch für Patienten wie mich waren. Deshalb fuhr ich mit meinem Rollstuhl auch ständig gegen einen Tisch oder auch gegen die Türrahmen. Jeden Tag übte ich abends im Bett weiterhin das Anspannen der Muskeln in meinem Bein. Es klappte immer besser und ich schaffte es nun sogar, das Bein einige cm anzuheben und wieder abzulegen. Wahnsinn, was die Therapeuten mit mir schafften. Das ganze Training zahlte sich immer mehr aus.

Meine ersten Schritte

In der Krankengymnastik hatte ich schon seit einigen Tagen bei der Leiterin der Abteilung Frau Timmermann meine Termine und Anwendungen. Wir hatten das Training mit meinem Bein weiter intensiv durchgeführt und Frau Timmermann war nun auch der Meinung, dass wir die ersten Gehversuche am Stock probieren könnten. Sie wusste, dass es mein Ziel war, wenigstens auf drei Beinen - meine zwei Eigenen und der Gehstock – die Reha-Klinik zu verlassen. Im Speisesaal saß ein junger Mann in meiner Altersgruppe an unserem Tisch, der lief auch am Stock und ich fand das immer super. Jedes Mal, wenn ich ihn sah, war es ein zusätzlicher Ansporn für mich. Seitdem schaute ich auch in der Krankengymnastik immer wieder Richtung Sprossenwand bei der Therapie, denn da standen immer 2 Gehstöcke. Frau Timmermann zog sich mit mir immer in einen separaten Raum zurück, da ich mich in der großen Halle immer leicht ablenken ließ, von anderen Patienten oder auch von Therapeuten. Ich war wohl häufig etwas

unkonzentriert und zu neugierig, was meine
Umwelt anging, aber seit wir in dem
Einzelraum waren, konzentrierte ich mich
voll auf meine Therapie.

Es war Freitag, der 13. Juni als ich dann das
erste Mal den Gehstock in die Hand nehmen
durfte. Schon beim Aufstehen merkte ich,
dass mein Bein noch sehr schwach war. Es
war auch ein sehr seltsames Gefühl, da ich
mein Gewicht auf der linken Seite nicht
spürte, so konnte ich nur auf dem rechten
Bein. Frau Timmermann ging an meine
linke Seite und stützte mich ein wenig, dann
verlagerte ich das erste Mal mein Gewicht,
um das rechte Bein vor zu setzen. Mein Knie
knickte leicht ein. Ich setzte mein rechtes
Bein vor und verlagerte wieder das Gewicht.
Das war er mein erster Schritt! Ich zog nun
das linke Bein nach und stellte es ab. Frau
Timmermann half mir, den Fuß richtig
auszurichten und ließ mich dann das Ganze
wiederholen. Ich schaffte 3 bis 5 Schritte,
dann knickte mein Knie links öfter ein und
das Bein fing an stärker zu zittern. Die
Spastik machte sich im Bein bemerkbar.
Frau Timmermann sagte mir, dass es für das
erste Mal nun reichte und schon ziemlich gut

aussah. Ich kann gar nicht in Worte fassen, wie glücklich ich an diesem Tag war. Meine ersten Schritte. Ich kam meinem Traum, wenigstens am Gehstock gehen zu können und keinen Rollstuhl mehr zu benötigen, etwas näher. Nun konnte wieder das Wochenende kommen. Ich war schließlich in freudiger Erwartung auf meinen Besuch, um allen von meinen tollen Fortschritten erzählen zu können.

Meine Oma hatte sich angewöhnt, samstags zum Mittagessen zu mir zu kommen. Sie freute sich immer auf die Eintöpfe, die es jeden Samstag gab. Ich für meinen Teil fand das schrecklich. Noch nie war ich ein Fan von Eintöpfen gewesen. Es gab schließlich in der Woche täglich was Leckeres zum Essen. Warum konnte das am Samstag denn nicht auch so sein? Wenigstens war Oma da und hatte Spaß am Essen. Ich freute mich lieber auf den Sonntag, da kam mein Bruder meistens zu Besuch und brachte Burger von McDonalds mit. Mit diesem Gedanken im Hinterkopf konnte ich auch ruhig mal den Eintopf ertragen. Ich war soweit auch zufrieden mit der gesunden Ernährung in der Klinik. Man hatte mich mal mit dem

Rollstuhl auf eine Waage geschoben und dann das Gewicht vom Rollstuhl abgezogen. Gut 90 Kilo brachte ich nur noch an Gewicht zusammen. Das fand ich sehr toll. Abnehmen wollte ich ja eh und nun war ich durch diese ganze Gehirnblutungsgeschichte von 110 auf 90 Kilo runter. Gut, auf die Blutung hätte ich als Diät gerne verzichtet , aber da man dies nun eh nicht mehr ändern konnte, freute ich mich über jede positive Entwicklung, die sich daraus ergab.

An diesem Samstag wollten auch noch meine Tante und mein Onkel zu mir kommen. Sie lösten praktisch meine Oma ab. So hatten wir dieses Wochenende viel Gesellschaft. Ich hatte mich auf den Besuch gefreut, da ich meine Tante zuletzt im Krankenhaus gesehen hatte. Sie konnte somit einen massiven Unterschied bei mir feststellen, was meinen Zustand anging. Ich merkte immer noch den extremen Kräfteverschleiß, wenn ich Besuch hatte. Die Konzentrationsschwächen machten sich bemerkbar. Besonders, wenn mehrere Leute um mich rum waren. Wenn ich in der Psychologie mein Hirnleistungstraining am Computer durchführte, wurden die

Ergebnisse zwar immer wieder mal etwas besser, aber an die Normalwerte für Leute in meinem Alter kam ich noch lange nicht heran.

Am Sonntag kam zuerst meine Mutter zu uns und wir aßen gemeinsam Mittag. Während des Essens kam dann auch schon der Anruf von Nico, der wieder zu Besuch kommen wollte. Er hatte erneut den Bus verpasst und meine Mutter fuhr los, um ihn wieder vom Bahnhof abzuholen. Am Nachmittag wollten noch mein Bruder und seine Freundin kommen. Bis dahin unterhielt ich mich mit Nico und hatte meinen Spaß. Wir hatten uns wieder draußen in die Sonne gesetzt. Es war mit über 30 Grad wieder sommerlich warm an diesem Tag. Die Sonne war aber wichtig für mich, denn bei der letzten Chefarzt-Visite ordnete die Ärztin bei mir eine Blutkontrolle an, da ich ihr zu blass war. Ich war natürlich nicht sehr begeistert davon gewesen. Mir war klar, dass ich blass aussah, denn ich lag ja schon den ganzen Sommer im Krankenhausbett. Wie sollte ich da Farbe bekommen? Ich fragte mich im Moment auch nach der Logik, wie sollte ich mehr Farbe bekommen, wenn man mir nun auch noch das Blut aus dem Körper zog? Egal, es musste gemacht werden und am Ende hieß es dann auch, dass alle Werte in Ordnung sind. Trotzdem nutzte ich nun die Sonne, um meine Farbe etwas aufzufrischen. Die nächste Visite kam schließlich schnell wieder. Als Nico wieder gefahren war, kamen prompt mein Bruder und seine Freundin mit den versprochenen Hamburgern und Fritten. Ich war total begeistert davon, denn es gab abends immer nur Stulle und Salate im Speisesaal zu essen und ich wollte einfach mal abends eine Abwechslung haben. Wieder war nun ein Wochenende rum und die neue Woche stand an.

Meine Mutter teilte uns mit, dass man mir nun auch mein Hartz IV gestrichen hat, da ich ja in einer Pflegeeinrichtung war und dort wohnte und versorgt wurde. Ich wusste nicht, was ich sagen sollte, denn ich verstand das gar nicht. Meine Miete musste ich ja trotzdem bezahlen, schließlich wollte ich ja auch irgendwann wieder nach Hause. Schon öfter hatte ich das Gefühl, dass Ämter nicht wirklich nachdachten, bevor sie ihre Entscheidungen fällten. Meine Eltern hatten es auch nicht leichter. Am Dienstag wollten sie sich um diese Dinge kümmern und hatten einen Termin beim Arbeitsamt. Meine Krankenversicherung fiel nun durch diese Entscheidung auch weg. Man konnte somit gespannt sein, was der Dienstag bringen würde. Am Ende klärte sich aber in dieser Woche nichts in der Hinsicht meines Unterhalts. Meine Mutter hatte einen schriftlichen Widerspruch eingereicht, was die Aufhebung meines Hatz IV anging. Wir mussten also weiter abwarten und sehen, was dabei raus kam. Ich versuchte mich davon nicht irritieren zu lassen und konzentrierte mich auf meine täglichen Anwendungen. Aber das Thema um meine Zukunft ging mir nicht aus dem Kopf. Es ging ja nicht nur um die Wohnung sondern auch um die Arbeit. Werde ich je wieder richtig arbeiten können? Werde ich wieder alleine in meiner Wohnung leben können? In dieser Situation, in der ich mich befand, hatte ich Angst vor dem Alleine sein und wusste wirklich nicht, ob ich es wieder schaffen würde, alleine in meiner Wohnung zu leben. Die Arbeit war dann noch ein anderes Thema. Ich wusste wirklich nicht, was ich tun sollte und wie meine Zukunft aussehen würde. Das ganze frustrierte mich sehr. Ich überlegte nun tatsächlich auch schon, ob ich meine Wohnung kündigen und wieder zu meinen Eltern ziehen sollte. Als ich das meinem Bruder erzählte, konnte er diese Überlegung überhaupt nicht verstehen. Er schien genau wie viele andere fälschlicherweise zu denken, dass ich die Klinik als komplett genesener Mann verlassen und wieder genau der Alte sein würde. Auch, wenn ich mir das gewünscht hätte, war mir aber schon gesagt worden, dass ich in jedem Fall behindert bleiben würde. Es gibt Schäden, die man einfach nicht mehr reparieren kann.

Am Donnerstag, den 26.Juli rief meine Mutter abends an und erzählte mir freudig, dass ihr Widerspruch gegen die Aufhebung von meinem Hartz IV gewirkt hatte und ich nun wieder Leistungen beziehen würde. Mir fiel ein Stein vom Herzen. Meine Wohnung konnte ich nun also behalten und eine große Sorge wurde mir genommen. Nun konnte ich mich wieder befreit auf meine Reha konzentrieren und motiviert weiter an mir arbeiten.

Am Mittwoch, den 1.August, hatte ich einen
Termin beim Sozialdienst. Ich war gespannt
darauf, was da so besprochen werden sollte.
Nachher war ich allerdings sehr
niedergeschlagen. Man erzählte mir, dass
man für mich einen
Schwerbeschädigtenausweis beantragt hatte
und zusätzlich auch Anträge auf
Erwerbsunfähigkeitrente und für die
Pflegestufe stellen würde. Eigentlich sollte
dies nichts wirklich Überraschendes für
mich sein, aber trotzdem deprimierte es
mich, als man mir das alles so sagte und in
Bezug auf meine Person immer wieder
Worte wie Schwerbehinderung,
Erwerbsunfähigkeit und auch Pflegestufe
fielen.

Den ganzen restlichen Tag war ich sehr
geklatscht. Ich war kurz nach dem Termin
mit dem Sozialdienst in der Kreativgruppe.
Dort mussten wir immer irgendetwas aus
unserer Sicht basteln oder zeichnen und
dann darüber sprechen, wie unser Ergebnis
zu Stande gekommen ist. Das gefiel mir sehr
und die Therapeutin war auch immer sehr
nett und eine tolle Gesprächspartnerin. An
diesem Tag gab sie uns eine kleine

rechteckige Pappe, aus der wir ein Motiv, was uns als erstes einfallen würde, aufmalen und ausschneiden sollten. Ich war absolut planlos, vor allem nach den jüngsten Geschehnissen wollte mir einfach nichts einfallen. Später wurden die Motive mit schwarzer Kohle auf ein weißes Blatt abgepaust. Bei mir blieb es bei dem Rechteck und die Therapeutin pauste es ab. Sie gab mir das weiße Blatt mit dem schwarzen Rechteck darauf und wollte nun, dass wir den Bildern einen Titel geben. Ich schrieb unter mein schwarzes Nichts einfach nur „Nach dem 25.Mai 2007". Es war im Grunde wirklich das, was ich gerade fühlte. Ich hatte das Gefühl, dass ich vor einem dunklen Nichts stehen würde und nicht wusste, was ich in der Zukunft für mich sehe. Die Therapeuten bauten mich aber schnell wieder auf und sagten mir, dass ich auf einem guten Weg bin und schon viel geschafft habe, da würden auch noch einige Fortschritte folgen.

Mein Vater fragte mich später, ob ich es mir zutrauen würde mal eine Nacht alleine zu bleiben, dann würde er am Samstag mit meiner Mutter nach Hause fahren und nach

8 Wochen wieder eine Nacht im eigenen
Bett schlafen. Ich sagte ihm, dass es für
mich in Ordnung wäre. Ich war ja gut
aufgehoben und somit nicht wirklich alleine.
Die Schwestern waren schließlich auch
schon alle nun eher Bekannte von mir.
Generell fühlte ich mich wohler und wollte
selber auch wissen, wie gut ich nun ohne
meinen Vater klar käme. Es gab in der Nacht
von Samstag auf Sonntag dann auch
keinerlei Probleme. Das einzige, was mir
auffiel war, dass ich zum ersten Mal nicht
durchgeschlafen habe. Tatsächlich machte es
mir sogar etwas Spaß, alleine zu sein. Wenn
ich irgendetwas brauchte oder mein Bett
verstellt werden musste, damit ich besser
liegen oder fernsehen konnte, klingelte ich
nach einer der Schwestern und mir wurde
schnell und lieb geholfen. Sonst war die
Nacht ohne meinen Vater auch in Ordnung
und wir konnten dies in der nächsten Woche
wiederholen. Am Freitag den 17.08.2007
sollte ich sowieso auf eine andere Station
und in die so genannte
Anschlussheilbehandlung wechseln. Dann
würde mein Vater mich sowieso verlassen
müssen. Die härteste und schlimmste Zeit

war nun überwunden und ich hatte wieder
viel Selbstvertrauen bekommen.

An den Wochenenden hatte ich wieder zu
tun, da die Bundesliga angefangen hatte. Ich
schaffte es gut, die Berichterstattung meiner
Vereine mit nur der rechten Hand auf
meinem Laptop zu schreiben und zu
versenden. Meine Besucher mussten mich
somit mit der Arbeit teilen. Für mich war
dies so ganz gut, denn ich konnte sehen,
dass meine Behinderung meine Arbeit nicht
beeinträchtigte. Nur etwas anstrengend war
das ganze noch für mich. Durch meine
Zufriedenheit und mein gesteigertes
Wohlbefinden, wurde ich wieder viel
kontaktfreudiger und unterhielt mich oft und
viel mit anderen Patienten. Vor allem freute
ich mich immer, wenn ich Leute traf, die
auch im Speisesaal an meinem Tisch saßen.

Am Mittwoch den 15. August stand eine
neue Premiere und somit ein weiterer
Fortschritt für mich an. Frau Timmermann
ging mit mir zum Treppenhaus und wollte
zum ersten Mal mit mir Treppensteigen. Das
klappte auch erstaunlich gut. Anfangs hatte
ich ein wenig Angst, da mein Knie noch

nicht so kräftig war und ich öfter mal links
einknickte, aber beim Treppen hoch steigen
lief alles wunderbar. Ich war sehr zufrieden.
Als ich nun eine halbe Etage nach oben
gestiegen war, sollte ich natürlich auch
wieder runter kommen. Das hat mir etwas
mehr Angst gemacht, denn von oben sah es
auf einmal so hoch aus und ich hatte Angst,
nach vorne über zu stürzen. Aber Frau
Timmermann war da und beruhigte mich.
Ich versuchte es also und es war halb so
schlimm. Nur mein Arm wurde dabei noch
spastischer. Immer, wenn Druck auf mein
linkes Bein kam, ging der linke Arm in die
Beugung zur Seite. Dies sah dann aus, als ob
ich mir den Arm gebrochen hätte und er
eingegipst worden wäre. Das sah sehr
seltsam aus und nervte mich erheblich.
Einmal war ich in meinem Zimmer bereits
deswegen gestürzt. Ich wollte mit dem Stock
ins Bad und genau als ich durch die Tür
ging, kam diese wieder etwas zurück und ich
blieb mit dem angewinkelten Arm an ihr
hängen. Kopf voraus stürzte ich in das
Badezimmer und hatte alle Mühe, um
wieder vom Boden hoch zu kommen. Dabei
knickte ich sogar noch mit meinem linken
Fuß um und zog mir eine leichte Stauchung

zu. Natürlich passierte dies leider als mein
Vater nicht da war, sonst hätte er mir hoch
helfen können. Alles in allem brauchte ich
solche Momente aber auch mal. Sie zeigten
mir, dass ich wieder etwas vorsichtiger
werden musste und nicht zu übermütig
werden durfte.

Ich befand mich bei meinen Therapien in
dieser Woche auf Abschiedstour, denn am
Freitag sollte ich auf die Station 51 in die
Anschlussheilbehandlung wechseln und dort
komplett neue Therapeuten bekommen. Ich
war darüber natürlich etwas traurig, denn ich
mochte meine jetzigen Therapeuten sehr.
Alle hatten mir viel Kraft und Mut gegeben
und waren maßgeblich an meinen Erfolgen
und Fortschritten beteiligt. Veränderungen
fand ich noch nie so prickelnd. Aber es half
ja nichts. Ich genoss die letzten Tage mit den
Schwestern auf der Station 12 und
verabschiedete mich von meinen
Therapeuten. Sie wünschten mir natürlich
weiterhin alles Gute und sagten, dass wir
uns ja weiterhin im Haus immer wieder mal
über den Weg laufen und uns so öfter mal
sehen würden. Am Donnerstag, den
16.August 2007 packten mein Vater und ich

unsere Sachen und räumten das Zimmer auf
der Station 12 auf. Am nächsten Tag hatte
ich keine Termine auf meinem Therapieplan
wegen des Stationswechsels. Ich musste nun
nach 10 Wochen Aufenthalt zur
Abschlussuntersuchung zu meiner
Stationsärztin und dann nachher zur
Aufnahme-Untersuchung zu meiner neuen
Stationsärztin.

Mein Stationswechsel

Nachdem ich die Untersuchungen hinter mich gebracht hatte, genoss ich erst einmal mein neues Zimmer. Auf der Station war überall Teppich verlegt und die Betten waren auch eher normal und erinnerten nicht mehr an die Krankenhausatmosphäre. Alles strahlte eher einen Hotelcharakter aus. Von Beginn an fühlte ich mich auf der neuen Station wohl. Die Stationsärztin war sehr nett zu mir bei der Aufnahmeuntersuchung. Sie erklärte mir sogar, was die Ärzte im Krankenhaus bei meiner Gehirnangiographie gefunden hatten. Es hieß bei meiner Verlegung in die Reha, dass es eine Auffälligkeit in meinem Gehirn gegeben hätte. Die ganze Zeit musste ich immer wieder daran denken und machte mir Sorgen über diese Auffälligkeit. Meine neue Stationsärztin sagte mir, dass es sich dabei um eine „stehende" Vene handeln würde, dies wäre aber kein Problem und würde wohl einfach noch eine postoperative Eigenschaft sein, die sich von alleine wieder legen würde. Das beruhigte mich nun sehr. Die ganze Zeit dachte ich, dass diese

Auffälligkeit eine dickere Vene oder eine weitere Gefäß-Missbildung wäre. Was die Ärztin zu mir sagte, klang wirklich harmlos und nahm mir eine riesige Last von der Seele. Als später noch der Chefarzt zu mir auf mein Zimmer kam, um sich vorzustellen, sagte er mir, dass ich am Wochenende einen Tagesurlaub bekommen könnte, da ich bereits satte 3 Monate nicht mehr zu Hause war. Ich freute mich darüber, aber ich hatte auch etwas Angst davor. Ich kannte in diesem Zustand ja nur die Klinik und ich wollte nie mit dem Rollstuhl nach Hause. Zwar hatte ich mit dem Lauftraining durchaus Fortschritte gemacht und viel gearbeitet, aber ich fühlte mich noch nicht so stabil um außerhalb der Klinikanlage zu laufen.

Die kommenden Tage lernte ich meine neuen Therapeuten kennen und war vom ersten Eindruck her zufrieden. Sie wirkten alle genau so nett wie meine anderen Therapeuten. Auch auf der neuen Station, musste ich 2-mal die Woche 3-mal täglich zum Blutdruckmessen und ein Mal die Woche zur Gewichtskontrolle. Da ich noch nicht genügend auf meinen Beinen lief, musste ich auch weiterhin die Kompressionsstrümpfe anziehen und mir jeden Morgen die Antithrombose-Spritze setzen lassen. Zum Glück würde dies bald ein Ende haben, wenn ich weiter Fortschritte mit dem Laufen machen würde. Man sagte mir, dass ich auf diese Vorsorge verzichten könne, sobald ich etwa die Hälfte des Tages laufen würde. Dies war nun mein neues Ziel, denn mein Bauch sah furchtbar aus. Er war übersät mit blauen Flecken. Das ging nachher schon soweit, dass mir die Schwestern die Spritzen in den Oberschenkel gaben, weil auf meinem Bauch kein Platz mehr war.

In der ersten Woche auf der neuen Station ging es wirklich nur ums Kennenlernen der neuen Therapeuten und darum, dass diese sich ein Bild von mir machen konnten. Viel therapiert wurde noch nicht. Die meisste Zeit verstrich durch das Ausfüllen der Berichtsbögen für die Aufnahme und den späteren Abschlussbericht. So lief diese Woche relativ ruhig an mir vorbei. Man konnte es wohl als kleinen Urlaub ansehen. Ehe ich mich versah, war es schon wieder Wochenende und mein allererster

Tagesurlaub stand an. Eigentlich sollte ein Tagesurlaub dem Patienten zeigen, wo noch Übungsbedarf für den täglichen Ablauf in den eigenen Wänden bestand. Das konnte ich nicht probieren, da mein kleiner Kater Achilles bestimmt mit meinem kurzen Aufenthalt überfordert gewesen wäre. Meine Mutter und meine Oma betreuten ihn abwechselnd täglich am Nachmittag für 4-6 Stunden. Was nach einer 24 Stundenbetreuung durch mich schon eine ziemliche Umstellung bedeutete. Nach 6 Wochen hatte er darüber seinen Unmut gezeigt, indem er demonstrativ vor den Augen meiner Mutter in mein Bettzeug gepullert hatte. Ab diesem Zeitpunkt waren meine Couch und das Bett unter Plastikfolien verborgen. Wir wollten ihn nun nach 13 Wochen Abwesenheit meinerseits nicht erneut durcheinander bringen.

Meine Aufregung hatte sich natürlich von Tag zu Tag gesteigert und war nun immens geworden. Anders ging es da meinen Eltern, die freuten sich wirklich riesig darauf, mich mal ohne diese Klinikatmosphäre zu sehen. Der Samstag war gekommen und ich sagte beim Frühstück im Speisesaal Bescheid,

dass ich erst am Abend wieder kommen
würde. Sylvie brauchte so nicht für mich den
Platz einzudecken. Sie wünschte mir noch
viel Spaß und dann wartete ich auf meine
Eltern, die mich abholen wollten. Kurze Zeit
später ging es dann auch schon los. Wir
gingen zusammen zum Auto. Den Rollstuhl,
den wir vorsichtshalber mitnahmen,
verstaute mein Vater im Kofferraum. Meine
Mutter half mir beim Einsteigen und
Anschnallen. Ich konnte froh sein, dass
meine Eltern ein etwas höheres Auto hatten,
sonst hätte ich sicher mehr Probleme beim
Ein- und Aussteigen gehabt. Mein Herz
pochte immer schneller. Seltsam eigentlich,
es ging ja bloß um eine Fahrt zu meinen
Eltern. Irgendwie war aber alles ganz anders
als man es kannte. Endlich saßen wir alle im
Wagen und es konnte losgehen. Ich hatte ein
wenig Angst davor, das Gelände nun
wirklich zu verlassen, da ich mich in
Kliniknähe immer gut aufgehoben und
sicher fühlte. Dort waren Ärzte und
Schwestern, die konnten mich bei meinen
Panikattacken beruhigen. Wir fuhren los.
Als allererstes öffnete ich mein Fenster, da
es wieder warm war und ich dringend etwas
Frischluft brauchte. Die Fahrt dauerte etwa

30 Minuten. Es waren gut 50 Kilometer von der Klinik bis nach Karow. Die ganze Fahrt über hatte ich ein seltsames Gefühl, denn ich spürte in meiner linken Seite ja nichts und vor allem bei Kurven hatte ich immer das Gefühl, als ob ich gleich nach links umfallen würde. Die ganze Zeit hielt ich mich also rechts an der Tür fest. Das war ganz schön anstrengend gewesen und das sah man mir auch deutlich an. Der Schweiß lief mir über die Stirn. Meine Mutter fragte mich immer wieder, ob alles soweit in Ordnung sei. Mein Vater, der hinter mir saß, war ganz ruhig. Wir kamen zügig und ohne Stau auf der Autobahn voran. In Karow hielten wir noch mal kurz am Supermarkt und meine Mutter besorgte was zum Kaffee und Abendbrot. Mein Vater blieb bei mir und fragte mich, wie die Fahrt für mich gewesen war. Ich drehte mich zu ihm um und sagte nur, dass es anstrengend gewesen sei. Er schaute mich an und meinte nur, dass er das deutlich sehen konnte. Ich war wirklich pitschnass geschwitzt. Nach etwa 10 Minuten waren wir am Ziel und ich stand das erste Mal seit langem wieder vor dem Haus meiner Eltern. Das Aussteigen klappte gut und ich schnappte mir meinen Gehstock. In der

Klinik lief ich bereits auf der Station und im Zimmer viel am Stock. Nun ging ich zum ersten Mal mit dem Stock draußen umher.

Als wir im Haus waren, musste ich mich erst einmal hinsetzen und mich von der Autofahrt erholen. In Kürze stand auch wieder meine Arbeit, die Berichterstattung von der Bundesliga an. Als ich damit beginnen wollte, meine Fußballticker zu versenden, fühlte ich mich immer unruhiger. Die Fahrt hatte mich doch viel zu viel angestrengt, im Fernseher spiegelte sich immer das Fenster und die Sonne schien herein. Ich bekam Kopfschmerzen und fühlte mich etwas schwindelig. Die Sicht auf dem linken Auge wurde bei Anstrengung immer etwas schlechter und ich sah leichte Doppelbilder. Ich bekam mal wieder eine Panikattacke. Die Arbeit wurde mir zu viel und mein Vater musste für mich einspringen. Ich versuchte mich zu beruhigen. Kaum war mein Vater mit der Arbeit fertig, wurde auch ich wieder etwas ruhiger. Ich blühte zum ersten Mal auf. Ich lief etwas im Haus umher und stieg sogar mal hoch in den ersten Stock, um dort auf die Toilette zu gehen. Es klappte wirklich

sehr gut und ich fühlte mich beim Laufen
sicher. Alles in allem war das Laufen im
Haus ohne den Stock und das
Treppensteigen in den 1. Stock für mich
wieder ein toller Fortschritt und ich freute
mich sehr darüber. Klar war nicht alles
optimal verlaufen, aber es war trotzdem ein
guter Anfang, der mir sicherlich mehr
Sicherheit für die Zukunft gab. Das merkten
meine Eltern auch ganz schnell, als wir
wieder in die Reha-Klinik zurückfuhren. Ich
schwitzte weniger und war viel ruhiger. Zum
Ende der Fahrt schlief ich sogar etwas ein.
Der ganze Tag hatte mich sehr viel Kraft
gekostet. Sofort ging ich ins Bett und war
sehr zufrieden mit dem, was ich an diesem
Tag wieder geschafft hatte. Eigentlich
wollten wir am Sonntag auch wieder nach
Karow fahren, aber ich war extrem
geschlaucht vom Samstag und sagte daher
meinen Eltern, dass ich in der Klinik bleiben
wollte. Die nächste Woche stand vor der Tür
und ich wollte mich dringend etwas
ausruhen, bevor es am nächsten Tag wieder
mit den Therapien losging. Also kamen
meine Eltern am Sonntag zum Mittag zu
mir. Ich lief zum ersten Mal am Gehstock in
den Speisesaal. Sonst fuhr ich immer noch

mit dem Rollstuhl dorthin. Auf dem Rückweg nach dem Essen nahm ich dann sogar das Treppenhaus anstelle des Fahrstuhls. Der Ausflug am Vortag hatte mir enormes Selbstvertrauen gegeben. Später musste ich auf meinem Zimmer wieder arbeiten und schaffte dies nun wieder problemlos alleine. Der nächste Fortschritt kam noch am gleichen Tag. Ich ging im Zimmer ohne Stock ins Badezimmer und lief nun auch nur auf meinen Beinen den restlichen Tag im Zimmer rum. Meine Eltern waren sehr stolz auf mich und erstaunt über meine Fortschritte und Leistungen.

Ich ging von da an immer mehr am Stock zu den Therapien und ließ nun den Rollstuhl im Zimmer stehen. Die Therapeuten freuten sich darüber und gaben mir immer wieder Tipps, um mein Eigentraining und meinen Laufstil zu verbessern.

Mein eigener Gehstock

Meine neue Therapeutin in der
Krankengymnastik war Frau Kramme. Sie
wollte mit mir versuchen, ins Schwimmbad
zu gehen und dort im Wasser an meinem
Bein und der Körperhaltung zu arbeiten. Das
erste Mal klappte ziemlich gut, nur mein
Arm wurde ziemlich verspannt und etwas
spastischer. Für den ersten Versuch im
Wasser war dies aber in Ordnung. Etwas
peinlich waren mir mein Bauch und mein
Oberschenkel, denn beide waren total blau
durch die Spritzen. Frau Kramme sagte auch
sofort, dass wir verstärkt daran arbeiten
werden, dass ich noch stabiler lief und ich
von den Spritzen und Strümpfen erlöst
werde. Das war auch ganz gut so, denn ich
hatte langsam Angst davor, wo die
Schwestern mir als nächstes die Nadel rein
jagen würden. Das Gefühl im Wasser war
auch sehr gewöhnungsbedürftig. Links
spürte ich ja generell schon sehr wenig, aber
im Wasser war ja gar nichts mehr zu
merken. Die nächste Wassereinheit kündigte
sie für Ende der Woche an. Ich war
gespannt, wie es weitergehen würde.

Ich bekam nun auch meinen eigenen
Gehstock. Der musste extra angefertigt
werden, da ich ja grösser war als der
Durchschnitt in der Klinik. Ich war total
begeistert und der Stock gefiel mir super
gut. In der Ergotherapie hatte ich nun das
Vergnügen mit Constanze. Die einzige
Therapeutin, die ich mit dem Vornamen
ansprechen durfte, sie war sogar in meinem
Alter und sehr nett. Es machte mir besonders
viel Spaß mit ihr. Wir versuchten mit
warmen Kies und Eiswürfeln mehr Gefühl
und Empfindung in meine linke Hand und
meinen Arm zu bekommen. Auch Strom
bekam ich über ein Tens-Gerät. Sehr
angenehm war für mich auch die Logopädie.
Dort hatte ich mit Frau Baacke eine ganz
liebe Frau erwischt. Früher hatte mein Vater
mir immer meine Brille geputzt, aber nun
kam er ja nur noch jeden zweiten Tag..
Kaum war ich bei Frau Baacke zur Therapie
im Zimmer, sagte sie immer gleich, dass ich
ihr die Brille zum Putzen geben sollte.

Wir unterhielten uns immer ganz toll,
während sie mir mit einer elektrischen
Zahnbürste, bei der die Bürste durch einen
Stab ersetzt wurde der dann vibrierte, und

Eis das Gesicht links behandelte und stimulierte. Es machte mir einen riesen Spaß mit ihr zu reden. Das wurde zu meiner liebsten Therapie. Je wohler ich mich fühlte, desto schneller verging die Zeit. Ich traf immer wieder meine alten Therapeuten im Haus und die freuten sich über meine Fortschritte. Wir unterhielten uns immer eine kurze Zeit und auch meine alten Schwestern auf der Station 12 besuchte ich hier und da mal. Nach diesen ganzen Wochen fühlte ich mich, als ob ich ein zweites Zuhause in der Klinik hätte.

Die nächste Krankengymnastik im Schwimmbad stand an und ich fand mich dort ein, um mich umzuziehen. Dieses Mal lief es allerdings nicht so gut. Beim Laufen im Wasser, fing mein Bein oft an zu zappeln. Das lag wohl in erster Linie daran, dass man im Wasser eher auf Zehenspitzen lief und da meine Spastik immer dann am Stärksten einsetzte, wenn mein Gewicht zu weit vorne am Fuß war, hörte es kaum auf zu zittern. Die Stunde war sehr ungünstig gelaufen und wir beschlossen, dass es noch zu früh für mich war, weiter im Wasser zu trainieren. So blieb dies meine letzte

Wassereinheit. Wieder auf der Station
angekommen teilte man mir mit, dass ich die
Strümpfe und Spritzen gegen die Thrombose
nicht mehr brauchen würde, da ich nun
genug am Stock laufen würde. Wieder ein
großer Fortschritt. Endlich kein lästiges
Anziehen der engen Thrombosestrümpfe
und keine blauen Flecken mehr. Einmal die
Woche trafen sich alle Therapeuten und
Ärzte der Stationen und machten eine
Teamsitzung. Auf der letzten hatte meine
Ärztin von meinen Fortschritten erfahren
und dass ich nun soviel am Laufen war. Bei
der Stationsvisite sagte sie mir auch, dass
ich am kommenden Wochenende zum ersten
Mal bei mir zuhause übernachten dürfte. Ich
hätte also ab Freitag für zwei Nächte
wegbleiben dürfen, aber ich wollte erst mal
nur eine Nacht außerhalb der Klinik sein und
mich dann später steigern.

Am Freitag, den 31. August fuhr ich nach
den Therapien also wieder mit meinen
Eltern nach Karow, denn meine Wohnung
musste wegen Achilles noch ein bisschen
auf mich warten. Ich hatte Nico, Mareike
und meinen Bruder mit seiner Freundin
eingeladen. Wir wollten Pizza bestellen und

meine ganzen Fortschritte feiern. Leider
konnten Nico und Mareike nicht kommen,
da sie es zeitlich nicht schafften, aber mein
Bruder und seine Freundin waren da und wir
konnten wenigstens zu fünft etwas feiern
und schön Pizza essen. Es war ein schöner
Abend. Manchmal fühlte ich mich wie
früher. Es war wie vor der Blutung. Wir
saßen zusammen, im Haus meiner Eltern,
beim Pizza essen und mit meinen Bruder, es
war herrlich. Nach dem Essen spielten wir
Karten und haben viel gelacht und Spaß
gehabt. So gegen 22 Uhr gingen wir
schlafen. Mein Vater und ich schliefen im
Schlafzimmer und meine Mutter
übernachtete im Nebenzimmer auf der
ausgezogenen Schlafcouch. Ich konnte
hervorragend schlafen. Lag zum Teil
natürlich auch wieder an meiner Müdigkeit.
Noch immer strengte es mich sehr an, wenn
ich unter mehreren Leuten war und mich auf
mehrere Dinge konzentrieren musste.

Am Samstag, den 1. September frühstückten
wir, nachdem meine Mutter wieder zu Hause
war. Sie fuhr ja jeden Morgen um 7:00 Uhr
zu Achilles. Dann wurde sein Futter erneuert
und das Katzenklo gereinigt. Ich konnte zum

ersten Mal seit langer Zeit wieder
ausschlafen. In der Klinik muss man jeden
Tag, auch am Wochenende schon um 7 Uhr
aufstehen, um zum Frühstück in den
Speisesaal zu gehen. Umso mehr genoss ich
nun dieses Frühstück um 10:00 Uhr und die
Übernachtung in Karow. Später hatte ich
dann auch mal wieder bei Live-Fußball
arbeiten können. Nach der Übertragung der
Bundesliga fuhren mich meine Eltern wieder
zurück in die Klinik. Ich war total zufrieden
mit dem Verlauf der ersten Nacht außerhalb
der Klinik. Jede Kleinigkeit war weiterhin
ein großer Fortschritt für mich.

Am kommenden Montag, den 3.September
kamen meine Eltern mich gleich wieder
besuchen, da meine Mutter Geburtstag hatte.
Wir gingen nach den Therapien in die
Cafeteria und aßen Kuchen. Am Abend
wollten meine Eltern noch mit meiner Oma
und meinem Bruder essen gehen. Ich machte
mir, wie immer einen gemütlichen
Fernsehabend. Ich ging nun auch öfter
abends zu Kursen in der Ergotherapie, dort
bot man den Patienten Seidenmalerei,
Tonarbeiten und auch Peddigrohr flechten

an. Das war eine nette Abwechslung und ich konnte dadurch auch meine Mutter mit einem selbstgemachten Seidentuch überraschen. Es machte mir Vergnügen, mich mit anderen Patienten zu unterhalten. Ich hatte ein nettes Ehepaar kennengelernt, mit denen ging ich nun immer zu diesen Freizeitprogrammen. Es war schön nun soviel Zeit mit anderen Patienten zu verbringen. Lange Zeit hatte ich mich sehr unwohl gefühlt, wenn ich unter Leuten war. Am liebsten wäre ich nur zu den Therapien aus meinem Zimmer gekommen. Nachdem nun aber die Fortschritte mein Selbstbewusstsein und auch meine Stimmung erheblich aufgebaut hatten, hatte ich große Freude daran, mit anderen Menschen zusammen zu sein. An einem Abend bekamen wir in der Klinik sogar Besuch von Schlangen. Ich fand das aufregend und hatte mir eine Schlange um die Schultern legen lassen. Da mein Gedächtnis mich noch öfter im Stich ließ, habe ich als Beweis ein Foto davon bekommen.

Ein alter Kollege aus meiner Ausbildung wollte mich mal in der Reha besuchen

kommen. Da er mir aber keine genaue Zeit
sagte, wusste ich noch nicht, wann dies sein
würde. Am Dienstag lief ich gerade im
Erdgeschoss der Klinik umher, weil ich von
einer Therapie kam, als mein Name durch
die Lautsprecheranlage durchgerufen wurde.
Ich sollte mich bitte auf der Station melden.
Gerade als ich am Fahrstuhl ankam,
entdeckte ich Thomas, meinen Kollegen aus
der Ausbildung. Ich hab mich sehr gefreut,
wir hatten uns schon knapp 2 Jahre nicht
mehr gesehen. Dass er bereits an diesem Tag
vorbeikommen würde, hätte ich nie gedacht.
Er war schon immer ein eher spontaner Typ
gewesen. Wir unterhielten uns und ich führte
ihn mal durch die Klinik und zeigte ihm
mein Zimmer. Eigentlich hätte ich noch eine
Massage am Nachmittag gehabt, aber die
ließ ich verstreichen. Zum Abend hin fuhr
Thomas nach Hause und ich ging zum Essen
in den Speisesaal.

In den kommenden Tagen übte ich in der
Krankengymnastik das Umdrehen im
Liegen. Seit einiger Zeit schlief ich immer
auf dem Rücken, da ich bei jeder Drehung
im Bett davor Angst hatte, mich auf meinen
linken Arm oder meine Hand zu drehen. Ich

dachte, dass ich mir versehentlich das
Handgelenk oder einen Finger brechen
könnte, wenn ich mich umdrehte und der
Arm falsch lag. Es wurde mir gezeigt, wie
ich den Verletzungen vorbeugen konnte.
Blieb nur zu hoffen, dass ich später im Bett
auch daran denken würde, wenn ich mich im
Halbschlaf dann wirklich umdrehen wollte.

Meine Lieblingstherapien waren derzeit in
der Badeabteilung, da sich dort zwei
hübsche neue Praktikantinnen aufhielten.
Frauen in meinem Alter waren weiterhin
eher Mangelware unter den Patienten. Bei
den Therapeuten gab es nur in der
Ergotherapie noch Leute in meiner
Altersgruppe. So pendelte ich halt am
liebsten zwischen der Ergotherapie und der
Badeabteilung umher. Am Donnerstag hatte
ich bei der Stationsvisite leider bei einer
Vertretung. Das Problem bei
Vertretungsärzten war, dass diese einem
keinen Urlaubsschein für das Wochenende
ausstellten und ich wollte unbedingt am
Wochenende wieder zu meinen Eltern
fahren. Meine Hoffnung lag nun darin, dass
ich am Freitag noch auf meine Stationsärztin
treffen würde und es doch noch klappte mit

meinem Schein. Leider blieb die Hoffnung
ohne Erfolg. So musste ich die 2 Tage in der
Klinik bleiben und meine Eltern mich
wieder Vorort besuchen.

So nach und nach merkte ich, dass die lange
Zeit in der Klinik mich etwas nervte. Gerade
auch, seit ich nun Tagesurlaub an den
Wochenenden hatte und merkte, dass ich
auch außerhalb der Klinik relativ gut klar
kam. Es wuchs der Wunsch in mir, doch
bald entlassen zu werden. Es war einige
Wochen her, da wurde eine Frau an meinem
Tisch im Speisesaal entlassen und weinte
sehr, nachdem sie mir das erzählte. Ganz
nachvollziehen konnte ich das nicht, denn
ich sagte gleich schon zu meinem Vater,
dass ich mich echt tierisch freuen würde,
wenn man mir sagt, dass ich nun nach Hause
dürfte. Natürlich war ich aber damals noch
nicht in der Verfassung, dass man auch nur
an eine Entlassung hätte denken können.
Nun allerdings sah das schon ganz anders
aus.

 Am Dienstag, den 11.September stand
wieder die Chefarztvisite an. Mein Chefarzt
war sehr nett und man konnte wirklich gut

mit ihm reden. Leider teilte er mir allerdings
dann gleich zu Beginn mit, dass ich noch
mal eine Verlängerung bekommen habe und
noch 4 Wochen oben drauf kriegte. In
diesem Moment war ich etwas geklatscht
über diese Neuigkeiten. Später war es
allerdings so, dass ich mich an den
Gedanken gewöhnte. Meine Eltern hatten
auch zu mir gesagt, dass ich alles
mitnehmen sollte, was die Kassen mir
bewilligen. Umso besser würde ich nachher
dann auch bei mir zuhause klar kommen. Sie
haben mir ein neues Bett bestellt und die
Lieferung würde auch erst Anfang Oktober
erfolgen, somit war ihnen die Verlängerung
ganz recht. Ich hatte bis zum 25. Mai auf
einer Futonliege geschlafen. Damit ich auch
weiterhin ohne Hilfe ins Bett und natürlich
auch wieder raus kam, musste die
Liegefläche höher werden.

Meine Grosseltern kamen mich am
folgenden Mittwoch besuchen und meine
Laune war wieder auf einem guten Stand.
Wir saßen, nach meinen Therapien, in der
Cafeteria und gönnten uns ein Eis. Meine
Grosseltern sagten auch zu mir, dass ich die
Verlängerung positiv sehen und meine Zeit

in der Reha genießen sollte. Nachher würde
das alles nicht mehr so einfach
funktionieren, wie in der Klinik, wo man
alles unter einem Dach und so viele Termine
hatte. Durch meine ganzen Therapien war
ich die nächsten Tage wieder gut beschäftigt
und hatte, wie immer, viel Freude bei
meinen Therapeuten. Der Frust über die
Verlängerung der Reha war total aus
meinem Kopf raus. Jede Therapie machte
mir großen Spaß und ich arbeitete so gut es
ging, um weitere Fortschritte zu erlangen.
Am Freitag rief ich meine Eltern an und
sagte ihnen, dass sie mich am Wochenende
nicht besuchen kommen müssten, da ich ja
ohnehin wieder arbeiten müsse. Meine
Mutter wollte aber trotzdem zusammen mit
meinem Vater am Samstag kommen. Also
genossen wir alle zusammen wieder den
tollen Eintopf zum Mittag. Langsam nervte
mich das Mittagessen an den Samstagen. In
meinem ganzen bisherigen Leben hatte ich
noch nie so oft Eintöpfe gegessen, wie in
den Wochen der Reha. Meine Eltern blieben
noch 2 Stunden bei mir und fuhren dann
wieder heim. So konnte ich mich in Ruhe
um meine Berichterstattung kümmern. Am
Sonntag kamen meine Eltern wieder rum

und auch meine Tante und mein Onkel
hatten sich angekündigt. Wir setzten uns alle
etwas raus an die Luft und nachher in die
Cafeteria. Zum Glück bekamen wir noch
einen Platz, denn am Wochenende war
natürlich immer eine Menge dort los.

Am Mittwoch, den 19.September kamen
mich erneut meine Grosseltern besuchen.
Ich konnte mich wirklich nicht beschweren,
was die Häufigkeit von Besuchen anging,
denn auch mein Vater kam zweimal in der
Woche zu mir, um mir etwas Ablenkung zu
verschaffen. Das war immer eine nette
Abwechslung zu den Therapien. Sonst legte
ich mich meistens nach meinen
Behandlungen auf mein Bett und schaute in
den Fernseher. Zwischendurch vertrieb ich
mir noch die Zeit ein wenig mit Schach
spielen. Einer der Patienten war in meinem
Alter und spielte auch gerne Schach. Wenn
ich bei der Therapie war, spielte ich sogar
Schach mit der Frau vom Reinigungs-
Service. Immer wenn ich unterwegs war,
machte sie ihren Zug und wenn ich wieder
ins Zimmer kam, machte ich meinen Zug.
Hat echt Spaß gemacht und ich fand das
irgendwie lustig, so mit ihr zu spielen.

Später legte ich eine Pappe neben das
Schachbrett, wo ich auf eine Seite „Weiß"
und auf die andere Seite „Schwarz" rauf
schrieb. Nun drehten wir immer die Pappe
um, damit der andere sehen konnte, wer am
Zug ist. Die Tage schienen immer schneller
zu vergehen. Auf jeden Fall kam mir das so
vor. Zum Glück standen immer Datum und
Wochentag auf meinem Therapieplan, sonst
wäre ich wohl ziemlich durcheinander
gekommen.

Ich war die ganze Zeit immer fleißig am
Laufen. Meine Eltern waren auch sehr
glücklich, als ich sie am Samstag mit dem
Gehstock auf dem Parkplatz erwartete. Die
Bewegungen wurden etwas flüssiger und ich
auch kräftiger. Vor kurzer Zeit sah ich nach
jedem Laufen mit dem Stock noch aus, als
hätte ich grad unter der Dusche gestanden.
Aber nun kam ich nicht mehr so schnell ins
Schwitzen. Die Kondition baute sich
langsam wieder auf. Sonntag kamen meine
Eltern zusammen mit meinem Bruder und
seiner Freundin vorbei. Ich nutzte den
Besuch gleich wieder als zusätzliches
Training und lief viel am Stock mit meiner
Familie durch den Garten und zur Cafeteria.

Später musste ich noch ein wenig arbeiten,
daher blieben sie nicht allzu lange. Wenn ich
Besuch hatte, genoss ich die Abende
besonders. Ich wurde immer noch schnell
müde und war relativ kaputt, wenn ich mich
am Tag auf Gespräche konzentrieren
musste. Es wurde zwar von Mal zu Mal
besser, aber die Anstrengung machte sich
noch bemerkbar.

Am Dienstag, den 25. September, wurde mir
in der Visite mal wieder mitgeteilt, dass man
meine Medikation erhöhen wollte. Wieder
eine Pille von den Muskellösern mehr. Man
konnte nur hoffen, dass diese die Spastik im
linken Arm senken würden, denn der wurde
beim Laufen immer noch sehr fest und
angewinkelt. Das sah immer sehr blöd aus
und ich mochte das natürlich überhaupt
nicht. Ein weiterer Grund warum ich so viel
trainierte in den Therapien. Leider haben wir
aber weiterhin verstärkt am Bein und am
Rumpf gearbeitet. Wenn ich den Arm
ansprach, sagte man mir, dass wir erst den
Rumpf festigen müssten. War nicht ganz
das, was ich hören wollte. Aber was sollte
ich anderes tun als eben an meinem Rumpf
zu arbeiten.

Hier und da machte ich mir Gedanken um meine Zukunft und meine Beschäftigungsmöglichkeiten. Mir kam natürlich sofort der Gedanke, mich bei meiner alten Firma und auch jetzigen Kunden nach einer Teilzeitanstellung zu erkundigen. Ich dachte, dass es optimal wäre, wenn ich halbtags arbeiten und dann die andere Hälfte des Tages für meine Therapien nutzen würde. Also schrieb ich meinem Abteilungsleiter eine E-Mail.

Am Samstag kam meine Oma wieder zum Eintopf essen vorbei. Sie blieb bis zum Nachmittag und unterhielt sich angeregt mit mir. Sie sprach viel über meinen Kater und darüber, dass sie sich immer freut, wenn er sich bei ihr auf den Schoss legen und kraulen lassen würde. Sie fuhr dann nach Berlin zurück, als meine Eltern kamen. Auch am Sonntag waren meine Eltern bei mir. Irgendwie war jede Woche gleich. Ich hätte mich sehr über Abwechslung gefreut. Mein Vater teilte mir mit, dass am 01. Oktober ein Mitarbeiter der Firma Nicolai in meiner Wohnung ist. Es wird geguckt, welche Hilfsmittel mir das Leben in den eigenen Wänden erleichtert. In den nächsten

Tagen spielte ich öfter mit Mike und Danny Gesellschaftsspiele im Aufenthaltsraum.

Mein Chefarzt hat sich mit den Therapeuten in der Teamsitzung über mich und meinen Arm beraten. Die Erhöhung der Muskellöser hatte leider noch keine große Veränderung in meinem Arm bewirkt. In der Visite am Dienstag berichtete er mir, dass man mir nun Botolinium Toxin (Botox) in 2 oder 3 Muskeln im Arm spritzen wollte. Er erklärte mir, wie dies ablaufen würde und was als mögliche Nebenwirkungen auftreten könnte.

Der Tag der deutschen Einheit stand vor der Tür. An Feiertagen gab es keine Therapien und somit hatten wir alle frei. Mir gefiel das gar nicht, ich empfand das als Zeitverschwendung. Am Abend schaute ich mit meinen Freunden aus dem Speisesaal Fußball. Ich hatte mit den Mitpatienten an meinem Tisch wirklich Glück gehabt. Doris, Constanze, Danny und Mike waren wirklich sehr gute Gesprächspartner. Vorher saßen Arno und Dieter noch bei uns am Tisch. Arno redete manchmal etwas zu viel, aber ansonsten war er auch sehr nett. Dieter hingegen konnte nach seinem Schlaganfall

kaum noch sprechen. Das einzige, was er
ständig sagte waren zwei Wörter „Kuschen"
und „Zu". Oft sagte er dann „Zu Kuschen".
Doris saß auch im Rollstuhl und konnte
beide Beine nicht bewegen. Danny hatte,
genau wie ich, eine Gehirnblutung. Das war
sogar schon seine Zweite. Die Erste hatte er
vor 16 Jahren gehabt. Bei ihm war aber bei
der aktuellen Blutung nicht so viel gelähmt
und beschädigt wie bei mir. Er lief am
Rollator durch die Klinik und war mein
stärkster Schachgegner. Durch den Feiertag
innerhalb der Woche waren an diesem
Samstag ein Paar Therapien angesetzt, damit
wir Patienten keinen Nachteil hatten. Das
hieß für mich am Samstag bis zum Mittag
Therapien, dann kamen meine Eltern kurz zu
Besuch und danach durfte ich mich wieder
an die Arbeit machen und ein Paar
Fußballspiele tickern. Leider gab mein
Handy dieses Mal seinen Geist auf und ich
sah ziemlich blöd dabei aus. Zum Glück
bekam ich dadurch keinen großen Ärger.
Aber der Samstag war für mich erst mal
gelaufen, ich war etwas deprimiert durch die
Arbeit und auch etwas müde durch die
Therapien. Am Sonntag brachte mein Vater
dann einen Stick mit und ließ sich das

Programm überspielen, dann konnte er,
wenn mein Handy schlapp macht, sofort für
mich einspringen. Selten war ich so früh und
gerne ins Bett gegangen, wie an diesen
Tagen. Mit den Gedanken war ich schon
beim Mittwoch, da sollte ich nämlich die
Botoxspritze bekommen. Durch die
Erklärung, dass es sich ja dabei um ein
starkes Nervengift handelte, machte ich mir
durchaus etwas Sorgen. Schon immer war
ich ein ganz Großer, wenn es um Aufregung
und Ängste vor Arztterminen ging, aber
dieses Mal war ich so richtig derbe aufgeregt
und ängstlich. Aber ich freute mich auch
irgendwie ein wenig darauf, denn ich wollte
meinen Arm endlich etwas „normaler"
haben. Den Montag und den Dienstag
überstand ich vor allem durch die
Ablenkung, die ich mit meinen Therapien
hatte. Dennoch merkte ich, vor allem abends
und nachts, dass ich sehr unruhig war.

Meine Botoxspritze

Am Mittwoch, den 10.Oktober, konnte ich kaum etwas frühstücken. Ich wollte bloß meinen Termin hinter mir haben. Um 10:00 Uhr sollte ich die Botoxspritze bekommen. Vorher hatte ich noch 2 Therapien. Generell war mein Plan nun hervorragend gefüllt für die nächsten Tage. Für 3 Tage waren viele Physio-, Ergo- und Stromtherapien auf meinen Terminplan gekommen. Dies wurde gemacht, damit sich das Gift nachher richtig in den Muskeln verteilen würde. Es war endlich soweit und ich fand mich im Gang des ärztlichen Dienstes ein. Ich setzte mich vor dem Behandlungsraum auf die Bank und wartete. Von der Krankengymnastik sollten eine Praktikantin und meine Therapeutin noch dabei sein. Mein Vater wollte auch noch kommen. Mein Chefarzt kam auf den Flur und rief mich rein. Ein Sonographie-Gerät stand neben der Behandlungsliege. Der Arzt sagte, ich solle mir schon mal mein Shirt ausziehen und mich auf die Liege legen. Wir würden beginnen, sobald die Therapeuten aus der Krankengymnastik kämen. Noch einmal erklärte er mir ein wenig, was er nun mit mir vor hatte und wie viel er mir spritzen würde. Normalerweise spritzt man wohl eine Menge von gut 500 Einheiten. Da es bei mir aber lediglich als eine Art unterstützende Maßnahme dienen sollte, würde er mir nur gut ein Drittel davon spritzen, etwa 150 Einheiten. Meine Therapeuten waren nun auch da und es konnte losgehen. Der Doktor nahm die Spritze und das Gefäß mit dem Botox. Er zog die Spritze auf und ging zum Sonographen und schaltete diesen ein. Man sah aber überhaupt nichts. Nach ein paar weiteren Versuchen, sagte er nur: „Dann müssen wir es eben blind machen." Perfekt! Nun lief mir der Angstschweiß erst so richtig. Noch einmal beriet er sich kurz mit meinen Therapeuten, welche Muskeln er nun bespritzen würde. Dann ging es los. Ich suchte mir einen Punkt an der Wand, auf den ich mich nun konzentrieren würde, bis die Behandlung vorüber sein würde. Ich nahm von den Einstichen kaum etwas wahr. Nach jeder der drei Injektionen sagte er mir kurz Bescheid. Dann war es überstanden. Sichtlich glücklich darüber und etwas verschwitzt durfte ich nun aufstehen. Ich zog mir mein Shirt wieder an und merkte dabei, dass ich sehr zittrig war. Die Aufregung steckte mir noch ziemlich in den Gliedern. Nach dem Aufstehen sah ich auf die Liege, auf der ich grad gelegen hatte. Darauf war dieses Papier, welches die Ärzte immer aus Hygienegründen wie ein Bettlaken über die Liegen legten. Man konnte dort tatsächlich die Umrisse meines Körpers sehen. Da wo ich gelegen hatte, war das Papier nass und drum herum trocken. Als ich den Raum verließ fing mein Bein bei jedem Schritt an zu zittern. Die Aufregung und Anspannung machte sich durch erhöhte Spastik in meinem Bein bemerkbar. Ich erblickte meinen Vater, der mir nun entgegenkam. Er war eigentlich regelmäßig jeden 2. Tag bei mir in der Reha-Klinik, aber heute war ich total glücklich ihn zu sehen und fing an zu weinen. Mein Bein zappelte immer mehr und mein Arm schloss sich dem nun auch noch an. Ich konnte nicht mehr laufen. Mein Vater hielt mich fest, während meine Therapeutinnen einen Rollstuhl für mich holten. Alle beruhigten mich und sagten, dass ich es ja nun überstanden hatte und sich die Aufregung auch bald legen würde. Kaum waren meine Therapeutinnen mit dem Rollstuhl bei uns, setzte ich mich rein und

mein Vater schob mich durch die Klinik
zum Fahrstuhl. Ich fühlte mich die ganze
Zeit beobachtet. Ich saß im Rollstuhl und
meine linke Seite zappelte. So fuhren wir an
den anderen Patienten vorbei und man sah
sicher auch an meinen Augen, dass ich grad
geheult hatte. Mein einziger Gedanke war
jetzt, dass ich auf mein Zimmer und mich
etwas hinlegen wollte. Erstaunlich, selbst im
Liegen zitterte das Bein weiter. So heftig
war es noch nie gewesen. Nachdem ich dann
einige Minuten lag und mich etwas mit
meinem Vater unterhielt, beruhigte sich
meine Anspannung und ich wurde wieder
etwas lockerer. So langsam wurde ich
glücklich, glücklich darüber, dass ich es nun
hinter mir hatte. Um 12:00 Uhr stand die
erste Stromtherapie auf dem Plan. Ich
überlegte kurz, ob ich mit dem Rollstuhl
fahren müsste oder der Gehstock reichen
würde. Ich versuchte es mit dem Gehstock,
da sich mein Bein wieder beruhigt hatte.
Hier und da zitterte es zwar weiterhin, aber
das konnte ich halbwegs gut kontrollieren.
Die Badeabteilung war auch nicht sehr weit
weg. Ich musste mich in der Badeabteilung
auf einen Hocker setzen und bekam dann an
meinem Arm große Gummisaugnäpfe

angebracht. Die Injektionen waren am Unterarm, am Trizeps und am Bizeps gesetzt worden und somit kamen dort nun auch die Stromkabel dran. 15 Minuten waren vorgegeben. Dieses Programm würde ich nun in den kommenden 2 Tagen noch 3-4 Mal täglich machen müssen. Nach dem Stromprogramm ging es zum Mittagessen. Da ich nun wieder ziemlich gut gelaunt war, hatte ich auch anständig Hunger bekommen. Zumal ich ja am Morgen auch nicht so viel runter bekommen hatte durch die Aufregung. Nach dem Essen standen Ergo- und Physiotherapien an, beides bis zum Feierabend noch gut 2-3 Mal. Wirklich anstrengend sollte das allerdings nicht werden, da man sich in erster Linie um meinen Arm kümmerte und ihn viel bewegte. Als der erste Tag dann geschafft war lief ich noch mal zum ärztlichen Dienst und klopfte an der Tür von meinem Chefarzt. Ich bedankte mich bei ihm für die Spritze und dass er mir diese Behandlung so angenehm wie möglich gemacht hatte. Natürlich fiel ihm sofort das erhöhte Zittern in meinem Bein auf und er sagte, dass wir vielleicht auch eine kleine Dosis ins Bein hätten spritzen sollen. Ich entgegnete ihm,

dass ich nur sehr angespannt sei und sich das
Bein sicher wieder beruhigt. Später in
meinem Zimmer telefonierte ich nur noch
mit meiner Familie und ging dann schlafen.
Die nächsten 2 Tage würden schließlich
nochmals anstrengend werden.

Schon am Donnerstag fand ich, dass mein
Arm etwas lockerer war. Wirklich sicher
war ich mir allerdings nicht, denn ich konnte
ja nichts in ihm spüren und beim Laufen
ging er immer noch in die Beuge, allerdings
durchaus weniger. Da ich aber nicht wusste,
ob das nun an der Spritze oder eben auch an
der ganzen Bewegung und Arbeit an ihm
lag, freute ich mich lieber noch nicht so sehr
darüber. Vielleicht war der Arm ja einfach
nur etwas müde vom Vortag. Generell war
morgens noch die angenehmste Zeit, da der
Arm durch die Ruhe und das Liegen in der
Nacht schon immer sehr locker gewesen
war. Im Grunde war immer das Laufen mein
Hauptproblem, denn dabei spannte sich der
Arm durch die Konzentration an. Nach dem
Frühstück musste ich gleich wieder zur
Strombehandlung, die hatte ich stolze 4 Mal
an diesem Tag auf meinem Plan. Jeweils 3
Mal Krankengymnastik und Ergotherapie

rundeten meinen Donnerstag ab. Es war immer wieder erstaunlich, wie schnell die Zeit vergeht, wenn man anständig viele Termine auf seinem Plan stehen hatte. Wenn mal eine halbe Stunde Pause zwischen den Anwendungen lag, war ich richtig zufrieden und legte mich kurz im Zimmer auf mein Bett.

Der Freitag lief genau so ab, wie der Donnerstag und ich war froh, dass es der letzte Botox-Nachbearbeitungstag war. Aber ich war auch glücklich, dass mein Arm erste Fortschritte in der Lockerung zeigte. Die Spritze hatte durchaus positive Wirkung auf meinen Arm gehabt und man sah diese nun auch zum ersten Mal. In der Therapie konnten wir nun viel besser und mehr am Arm arbeiten, vor allem, da mein Bein bereits so gut wieder aufgebaut war.

Am Freitag merkte ich allerdings wieder, dass mein Bein noch nicht ganz soviel Kraft hatte, wie ich bisher gedacht hatte. Ich hatte zwischen 2 Therapien etwa 45 Minuten Pause und hatte keine Lust noch auf mein Zimmer zu gehen, also setzte ich mich in den Gang der Ergotherapie und wartete dort

bis ich rein gerufen wurde. Als es dann so
weit war, wollte ich aufstehen und da
passierte es. Mein Bein knickte kraftlos weg,
was die ältere Frau neben mir schwer
überraschte, da ich nun auf sie drauf fiel.
Meine Therapeutin schaute auch etwas
verdutzt. Nachdem ich mich wieder
hingestellt und vielmals bei der älteren Frau
entschuldigt hatte, ging ich zu meiner
Therapeutin in den Behandlungsraum. Sie
fragte mich natürlich, was das grad gewesen
sei und ich sagte, dass ich schon eine Weile
dort saß und ich schon öfter gemerkt hatte,
dass mein Knie dann nach längerem Sitzen
oder Liegen etwas wackelig war. Nach ein
paar Schritten wacht es dann aber wieder auf
und hat mehr Kraft. Dieser Zwischenfall war
mir peinlich. Das wäre es ja gewesen: In
meiner letzten Zeit bringe ich in der Klinik
noch eine ältere Frau ins Grab. Später
konnte ich mit Constanze immerhin drüber
lachen. Es war interessant, wie schnell die
Tage nun vorbei zogen. Anfangs hatte ich
immer das Gefühl gehabt, dass die Tage
ewig lang wären. Seltsam, wie das
Zeitgefühl immer abhängig ist vom Zustand
und Wohlbefinden. Zu dieser Zeit fühlte ich
mich, als ob ich in einem angenehmen

Urlaub wäre und dieser immer schneller Richtung Ende laufen würde und die fiese Arbeit wieder vor der Tür steht. Viele Leute erzählten mir ja immer, dass es später zu Hause nicht so schön wäre und man da eher Stress hätte. Da ich mir ja noch gar nicht richtig vorstellen konnte, wie es nachher bei mir daheim sein würde, ließ ich mich von diesen Sprüchen wohl doch etwas verunsichern.

Am Wochenende blieb ich wieder in der Klinik. Ich hatte keine große Lust, zu meinen Eltern zu fahren und zu mir in die Wohnung wollte ich erst dann, wenn ich tatsächlich entlassen werden würde. Ich hatte Angst, dass ich meinen Kater verunsichern könnte, wenn ich wieder käme und dann sofort wieder für die nächsten Tage oder Wochen weg fahre. Am Dienstag kam wie immer mein Vater mich nach meinen Terminen besuchen und auch am Donnerstag hatte ich nette Gesellschaft durch meine Großeltern. So oft wie jetzt in der Reha hatte ich noch nie Eis gegessen. Die hatten in der Cafeteria eine Softeismaschine von Langnese. Ich kaufte mir jedes Mal ein Stracciatella Softeis. Das schmeckte mir so gut. Freitag nach den Therapien kam meine Oma zu mir und wir vertrieben uns ein wenig die Zeit. Der Samstag war ohne Besuch, da ich wieder arbeiten musste. Sonntag durfte ich mich wieder über den Besuch meiner Eltern freuen und auch mein Bruder wollte mich erneut besuchen kommen. Irgendwie genoss ich dieses Wochenende in der Klinik. Ich hatte erfahren, dass man nun keine Verlängerung mehr beantragen würde und ich am 26.10. entlassen werden würde. Alles wirkte ganz anders, wenn man sagen konnte: "Dies ist das letzte Wochenende in der Reha." Meine Eltern hatten auch schon für den Montag einen Termin bei meiner Hausärztin vereinbart. Wir würden dann gemeinsam zu ihr fahren und meine Rezepte und Verschreibungen abholen. Es gab sogar in dieser Woche schon 1-2 Therapien, wo ich mich von den ersten Therapeuten verabschieden musste.

Meine letzten Tage in der Reha

Genauer gesagt die letzten 5 Tage begannen.
Von Tag zu Tag wurde ich nervöser und
ängstlicher. Die Vorstellung aus meiner
gewohnten Umgebung aus der Klinik
entlassen zu werden, setzte mir immer mehr
zu. In diesem Zustand mit meiner
Behinderung kannte ich im Grunde nur das
Leben in der Klinik. Vor allem gefiel mir
aber auch, dass dort immer so viel los war,
wenn ich dann an mein Zuhause dachte, kam
mir immer nur der Gedanke von
Langeweile, Stille und Einsamkeit. Die
anderen von meinem Tisch im Speisesaal
und die ganzen Therapeuten würden mir
sicher ganz schön fehlen. Aber was sollte
ich tun, irgendwann musste ich ja entlassen
werden. Genieße die letzten Tage und mach
das Schönste aus der Zeit, sagte ich mir.
Nahezu an jedem Tag würde ich mich nun
von einem Therapeuten verabschieden
müssen. In der Krankengymnastik und auch
bei den anderen Therapien durfte ich
entscheiden, woran wir nun die letzten Tage
noch mal arbeiten sollten. In der
Ergotherapie hatte ich erneut meinen Spaß

mit Constanze und ich sagte ihr, wo man
mich im Internet so findet, damit wir auch
nach meiner Entlassung weiter in Kontakt
bleiben könnten. Ich hatte mir auch für alle
Fälle schon vor 14 Tagen meine
Visitenkarten von meinen Eltern mitbringen
lassen.

Abends spielte ich noch mit meinen
Freunden aus dem Speisesaal. Sie wollten
immer wieder Skat spielen, davon hatte ich
keine Ahnung aber sie erklärten es mir
während des Spielens Stück für Stück. Es
hieß sogar, dass ich Fortschritte machte,
obwohl ich noch immer nicht wirklich
verstand, wie das Spiel funktionierte. Da sah
es beim Schach mit Danny schon anders aus,
aber die meiste Zeit verlor ich trotzdem. Er
war mir immer einen Zug voraus. Nahezu
jeden Abend fragten mich die Frauen im
Speisesaal, ob ich mich schon auf meine
Entlassung freuen würde. Ich sagte ihnen
immer, dass es schon eine gewisse Freude in
mir gab, wenn ich an meine Wohnung und
vor allem an meinen Kater dachte. Auf
Achilles freute ich mich am meisten. Wenn
ich mit meiner Oma telefonierte und sie
gerade bei mir daheim auf meinen Kater

aufpasste, konnte ich ihn immer im
Hintergrund hören. Das fand ich sehr schön.

Von immer mehr Leuten musste ich mich
verabschieden. Alle wünschten einem
natürlich nur das Beste. Vielleicht würde
man sich ja in einem Jahr oder so
wiedersehen. Das war zwar meine erste
aber, bestimmt nicht meine letzte Reha, so
viel war allen klar. Mein Vater kam am
Mittwoch, den 24. Oktober, da stand mein
Entlassungsgespräch bei meiner
Stationsärztin auf dem Therapieplan. Sie
untersuchte mich noch mal für den
Abschlussbericht und erklärte mir, wie es
nun für mich weitergehen würde und worauf
ich zu achten hätte. Alkohol dürfte ich nicht
trinken, da ich ja noch Medikamente nahm.
Rauchen wurde mir strikt verboten. Für den
Tag der Entlassung und auch die 2
Folgetage, würde ich noch Medikamente
von der Klinik mitbekommen, danach
müsste ich zu meiner Ärztin und mir von ihr
die Rezepte dafür geben lassen. Alles in
allem erzählte man mir nur die Dinge, die
ich mir eh schon gedacht hatte. Ich würde
mir auch noch dringend einen Neurologen
suchen müssen. Hierfür hatte ich mir schon

jemandem aus den Gelben Seiten
rausgesucht, von dem auch die Therapeuten
in der Reha-Klinik schon etwas gehört und
für gut befunden hatten. Meine
Stationsärztin wünschte mir ebenfalls alles
Gute und empfahl in ihrem
Abschlussbericht, dass ich schnellstmöglich
eine Wiederholungsreha verschrieben
bekommen sollte. Am folgenden Tag kam
mein Vater nach den Therapien zu mir und
packte schon mal meine Koffer. Meine
Therapien waren in diesen letzten Tagen nur
noch für die Abschlussuntersuchungen und
deren Abschlussberichte. Ich saß immer nur
auf der Behandlungsbank und tat kurz das,
was man von mir sehen wollte und schaute
danach zu, wie die Therapeuten ihre Blätter
ausfüllten. Abends, wenn ich alleine war,
musste ich bei den Telefonaten mit meiner
Familie wieder oft weinen. Meine Angst vor
meiner Entlassung und meiner Heimkehr,
war nicht mehr zu verleugnen. Mir gefiel
das Telefonat mit meiner Oma, die sagte
sofort, dass ich alles raus lassen sollte. Bei
meinen Eltern versuchte ich mich immer
sehr zurückzuhalten, da ich nicht wollte,
dass sie sich so viele Gedanken um mich
machten. Dieser Versuch funktionierte aber

leider auch nicht oft erfolgreich. Außerdem kennen sie mich auch zu genau und somit hatten sie sich schon ihre eigenen Gedanken für meine Zukunft gemacht.

Die letzte Nacht in meiner Reha schlief ich kaum. Die Aufregung war einfach zu groß. Am Freitag wäre nur noch das Frühstück mit meinen Freunden im Speisesaal und dann würde ich meine Koffer nehmen und die Klinik nach gut 5 Monaten verlassen. Dieser Gedanke machte mich immer trauriger. Aber auch meine Vorfreude auf mein Zuhause wuchs nun mehr. Ich war gespannt, ob mein Kater mich noch erkennen würde. In dieser Nacht hatte ich bestimmt nur gut 2 Stunden geschlafen. Ich war echt froh, als die Zeit reif war, um zum Frühstück zu gehen. Ich verabschiedete mich von den Frauen im Speisesaal. Sylvie nahm mich sogar in den Arm, das fand ich sehr schön. Sie gehörte zu denen, die mir wahnsinnig viel Unterstützung und Kraft gegeben hatten in dieser schweren Zeit. Ich würde das nie wieder vergessen und allen ewig dankbar dafür sein. Sogar Mike umarmte mich am Tisch. Wir waren alle wirklich eine enge Gemeinschaft geworden. Doris würde mir

auch sehr fehlen, sie hatte immer irgendwie
den Einfluss einer Oma auf mich. Danny
war da eher der trocknere Typ, er machte
wieder ein paar Witze zum Abschied. Meine
Eltern kamen nun auch schon und wir
gingen auf mein Zimmer. Die Schwestern
hatten bereits einen Wagen für mein Gepäck
vor meine Tür gestellt. Ich musste nur noch
ins Schwesternzimmer und meinen
Therapieplan abgeben und meine
Medikamente für die nächsten Tage holen.
Ich sagte den Stationsschwestern noch kurz
„Auf Wiedersehen" und schon ging es in
den Fahrstuhl und zur Anmeldung am
Klinikeingang. Wir mussten noch die letzten
Rechnungen bezahlen und den
Zimmerschlüssel abgeben. Bevor ich aus der
Tür ging, drehte ich mich noch einmal um
und schaute in die Eingangshalle der Klinik.
Es war ein Moment, der einen Abschnitt
meines Lebens beendete und einen Neuen
beginnen ließ. Mit diesem Gedanken in
meinem Kopf verließ ich das Gebäude. Wir
gingen zum Auto und ich setzte mich bereits
hinein, während meine Eltern das Gepäck
verstauten und den Wagen für die Koffer
zurück brachten. Bisher hatte ich mich noch
gut unter Kontrolle, am Abend vorher,

dachte ich die ganze Zeit daran, dass ich
sicher wieder in Tränen ausbrechen würde.
Meine Eltern waren nun fertig und setzten
sich zu mir in das Auto. Es ging los, wir
fuhren noch mal am Klinikeingang vorbei,
um zur Ausfahrt des Parkplatzes zu
kommen. Meine Mutter fuhr auf einmal
ganz langsam und sagte nur: "Schau mal,
Basti". Am Eingang der Klinik standen
Doris, Danny, Mike und Constanze, sie
winkten mir zu. Ich war überwältigt davon
und freute mich sehr darüber. Das Lächeln
in meinem Gesicht blieb noch bis wir den
Parkplatz verlassen und Richtung Autobahn
unterwegs waren, dann fingen die Tränen an
zu laufen. Meine Mutter fragte mich, ob
alles ok sei, aber ich dachte mir schon, dass
sie wusste, dass ich nur etwas traurig und
sehr aufgeregt war. Die Fahrt dauerte gut 45
Minuten, bis wir dann bei mir in der Strasse
nach einem Parkplatz suchten. Ich war
wieder in meiner Gegend. In wenigen
Minuten würde ich in meinem Wohnzimmer
stehen und Achilles anfassen können.

Meine Heimkehr

Als wir in die Wohnung kamen, stand mein Kater auch schon vor uns. Zum ersten Mal, nach 5 Monaten konnte ich ihn wieder berühren. Er schnupperte vorsichtig an meiner Kleidung und erkannte mich wohl wieder. Es war ein komisches Gefühl wieder in meiner Wohnung zu sein. Irgendwie wirkte alles auch kleiner als in meiner Erinnerung, sehr seltsam war das. Aber so nach und nach fand ich es schon schön, wieder daheim zu sein. Das einzige, was mich zu diesem Zeitpunkt beschäftigte, war die Frage: "Was mache ich denn jetzt?". Ich hatte zum ersten Mal seit langem keinen Therapieplan, der mich hin und her scheuchte und es waren auch nicht mehr so viele Leute um mich rum, die sich mit mir unterhielten. Allerdings erzählte mein Vater mir, dass er die erste Zeit wieder bei mir wohnen würde. So konnte er dann sehen, ob ich klar käme.

Es stand ja auch erst mal das Wochenende vor der Tür, bevor wir dann am Montag zu meiner Ärztin nach Charlottenburg fahren würden. Wirklich gut fühlte ich mich noch nicht in meinen vier Wänden. Meine Eltern leisteten mir noch die ganze Zeit Gesellschaft und am Abend bestellten wir uns Pizza. Einkaufen mussten wir auch noch am Wochenende und den Kühlschrank füllen, aber das wollten wir dann am Samstag erledigen. Auf die erste Nacht im neuen Bett war ich sehr gespannt. Es war schön hoch, so hatte ich keine Probleme beim rein und raus steigen. Das wäre früher mit meinem alten Futonbett wohl anders gewesen. Ich habe von der Krankenkasse auch einen Sitz für die Badewanne genehmigt bekommen. Der Sitz dreht sich, so kann ich mich einfach reinsetzen und dann die Beine in die Badewanne heben und duschen. Am späteren Abend fuhr meine Mutter nach Hause und mein Vater blieb bei mir.

Am nächsten Morgen war ich noch immer etwas deprimiert. Als ich versuchte mich anzuziehen, wollte meine Socke einfach nicht auf den linken Fuß. „Irgendwie funktioniert hier gar nichts!", der Gedanke lief mir durch den Kopf und wieder konnte ich mich nicht mehr zurückhalten und fing an zu weinen. Ich fühlte mich total

verzweifelt und wusste nicht wie ich das
ändern und wieder glücklicher werden
könnte. Vor allem in den ersten Tagen und
somit über das komplette Wochenende ging
alles so beschwerlich. Aber ich wusste
natürlich auch, dass es nach und nach besser
werden würde. Es sei alles nur eine Frage
der Gewohnheit. Viel anders als im
Krankenhaus oder nachher in der Reha-
Klinik war es ja auch nicht gewesen. Meine
Mutter kam am Morgen, wir frühstückten
gemeinsam und dann mussten wir langsam
los, der Einkauf stand ja noch an. Ich war
beim Einkauf richtig aufgeregt. Viele
Menschen an einem Platz machten mich
sehr nervös. Das Laufen war auch nicht
einfacher bei der Nervosität. Wir fuhren, wie
so oft, zu Lidl. Interessant war nachher im
Laden, dass ich kaum auf die Leute achtete.
Die ganze Zeit hatte ich Angst gehabt, dass
man mich anstarren würde und dann merkte
ich gar nichts davon, weil ich mich so auf
das Laufen konzentrierte und die Menschen
um mich herum gar nicht wirklich
wahrnahm. Man könnte sagen, dass die
ganze Aufregung vorher wieder umsonst
war. Nach dem Einkauf fuhren wir nach
Hause und es passierte etwas, was mir

wirklich ein beruhigendes Gefühl gab. Als ich zu meiner Haustür kam, gingen gerade 2 junge Männer aus dem Haus und der eine drehte sofort wieder um, als er mich sah und hielt mir die Tür auf. Eigentlich eine normale und fast selbstverständliche Geste, aber es gab mir trotzdem ein sehr gutes Gefühl und freute mich.

Am Montag hatte ich den Termin bei meiner Ärztin in Charlottenburg. Das hieß, dass wieder eine Autofahrt von ungefähr 60 Minuten anstand. Ich brauchte meine Rezepte und Verschreibungen. Es war schon eine ganze Weile her, dass ich bei ihr war, daher freute ich mich darauf, sie mal wieder zu sehen. Der Termin war gleich morgens und wir fuhren nach dem Frühstück los. Normalerweise musste man immer noch etwas im Warteraum warten, aber dieses Mal war wenig los und wir kamen schnell dran. Meine Ärztin war immer noch so nett wie früher und unterhielt sich viel mit mir über meine Gehirnblutung und wie es mir so geht. Sie schaute in ihren Programmen, was sie mir nun alles verschreiben kann und ich in meinem Zustand noch benötigte. Am Ende verließen wir die Praxis mit den

Rezepten für meine Medikamente und den
Verschreibungen für Krankengymnastik und
Ergotherapie. Diese waren sehr wichtig,
denn damit wollte mein Vater gleich zum
Gesundheitszentrum und mir Termine für
meine Therapien geben lassen. Das
Gesundheitszentrum ist glücklicher Weise 3
Häuser neben meiner Wohnung und meine
Mutter war heilfroh, dass man für den Gang
dorthin keine Strassen überqueren musste.
Ich war ja noch ziemlich unsicher auf den
Beinen und auch nicht besonders schnell.
Meine ersten Anwendungen standen erst 2
Wochen später an. Diese zwei Wochen sah
ich als meinen Urlaub an. Nach den letzten 5
Monaten hatte ich mir diesen Urlaub wohl
auch verdient.

Am folgenden Sonntag hatte meine Oma
Geburtstag und wir wollten erst bei mir
Kaffee trinken und später bei uns an der
Ecke in ein Restaurant gehen. Das Gute an
diesen Dingen war, dass ich viel
Gesellschaft von meiner Familie hatte. Dies
bedeutete aber auch, dass ich abends wieder
unter Leute musste. Meine Eltern sagten
mir, dass dies gut sei, da ich so schnell
lernen würde, dass es gar nicht so schlimm

wäre, wenn ich mich in der Öffentlichkeit befinden würde. Auf diese Weise würde ich mich schnell daran gewöhnen und die Aufregung und das Unwohlsein würden sich schneller legen. Sie sollten damit Recht behalten. Anfangs fühlte ich mich zwar immer etwas unsicher, aber wenn ich erst mal eine kurze Zeit im Restaurant oder auch in einem Geschäft war, merkte ich, dass ich ruhiger wurde und mich wieder wohler fühlte. So konnte ich das Essen gehen mit meiner Familie am Ende sogar noch genießen und mich gut mit ihnen unterhalten.

Mitte November 2007 hatte ich dann endlich meine ersten Therapien im Gesundheitszentrum. Ich bekam meine Termine drei Mal die Woche, meist montags, mittwochs und freitags. In der Ergotherapie hatte ich Ina als Therapeutin, sie war sehr nett und forderte mich trotzdem mit einer angenehmen Strenge. Das gefiel mir sehr gut. In der Krankengymnastik hatte ich am Anfang noch öfter wechselnde Therapeuten, bis ich dann Anne als feste Therapeutin bekam. Sie gefiel mir genau so gut.

Meine Gehirnangiographie

Am 6.Dezember hatte ich einen Termin in der Klinik Friedrichshain bekommen. Bei meiner Entlassung im Juni hatte man schon diesen Termin gemacht, damit man die festgestellten „Auffälligkeiten" kontrollieren konnte. Am 5. Dezember sollte ich zur Patientenaufnahme kommen und würde dann 2 Tage in der Klinik bleiben müssen. Als ich aber am 5. Dezember aufgenommen wurde, teilte man mir mit, dass ich noch am selben Abend untersucht werden würde. Da ich schon zu Mittag gegessen hatte als die Mitteilung kam, musste ich noch 4 Stunden warten, damit ich wieder nüchtern war. Nach Ablauf dieser Zeit, wurde ich abgeholt und samt meines Bettes durch das Kellergeschoss zur Radiologie geschoben. Nach ein paar Minuten holte man mich auch schon in den Untersuchungsraum. Ein großer Röntgentisch stand in der Mitte des Raumes. Das sah sehr eindrucksvoll und nach einer starken Technik aus. Ich musste mich auf den Tisch übersetzen und hinlegen. Eine Schwester rasierte mir die Leistengegend und sagte, dass die Ärztin

gleich kommen würde. Die Ärztin führte
dann den Führungsdraht mit dem Katheter in
meine Leistenarterie ein und spritzte mir das
Kontrastmittel in meine Venen. Es brannte
natürlich wieder in meinem Kopf und in
meinem Mund. Das ganze kannte ich noch
von meiner ersten Angiographie im Mai. Als
sie alle Venen und Arterien dargestellt
hatte, legte sie mir den Druckverband an und
ich konnte mich wieder in mein Krankenbett
rüber robben. Ich konnte auf den Monitoren
verfolgen, was sich die Neurologen im
Besprechungsraum anschauten. Es war
immer noch erstaunlich für mich zu sehen,
wie mein Schädel und mein Gehirn
aussahen. Die Untersuchung und die
nachfolgende Begutachtung der Ergebnisse
dauerten etwa 1 Stunde. Am Ende teilte man
mir mit, dass die Auffälligkeiten von der
ersten Angiographie nicht mehr zu sehen
waren und in meinem Gehirn soweit alles
wieder gut aussah. Ich sollte dennoch zu
einer weiteren Kontrolle in einem Jahr in die
Klinik kommen. Ich war total glücklich und
erleichtert als man mir das sagte. Für den
Augenblick die Gewissheit zu haben, dass in
meinem Kopf alles gut und in Ordnung
aussah war für mich das Schönste. Endlich

verschwand die Angst vor den „Auffälligkeiten“ in meinem Kopf und es blieb nur das Fazit, dass nun alles gut sein würde.

Als man mich wieder in mein Krankenzimmer brachte, warteten meine Eltern bereits auf mich und ich konnte ihnen die Ergebnisse der Untersuchung mitteilen. Man sah ihnen die Freude und Erleichterung an. Sie fuhren kurz darauf nach Hause. Ich war von der Untersuchung ziemlich erledigt und hatte immer noch den Druckverband auf meiner Leistenarterie. Daher versuchte ich zu schlafen. Gegen 21 Uhr sollte die Ärztin kommen und mir den Druckverband entfernen aber letztendlich kam sie erst gegen 22 Uhr. Mir war das recht so, denn ich war wieder etwas unruhig wegen dem Eingriff und dem Verschließen der Arterie. Einzig das Brennen des Desinfektionsmittels auf meiner rasierten Leiste nervte mich ein wenig. Ich lag in einem Drei-Bett-Zimmer aber es war neben mir nur einer, der wirklich anwesend war, das andere Bett war leer. Mein Bettnachbar war ein sehr netter Mann. Am nächsten Morgen half er mir bei meinem Frühstück und schmierte mir mein Brötchen. Ich konnte bereits am Mittag

entlassen werden und war sehr erleichtert,
dass ich diesen Krankenhausbesuch so
schnell und problemlos hinter mich gebracht
hatte.

Meine Zeit danach

Am darauf folgenden Montag ging es wieder ins Gesundheitszentrum zu meinen Therapien. Alle waren dort zufrieden, dass ich die Untersuchung gut überstanden hatte und alles soweit in Ordnung war.

Nun konnte ich auch total entspannt am 17.12. meinen 27. Geburtstag feiern. Meine Eltern hatten Chris eingeladen, denn ohne ihn wäre dieser Geburtstag wahrscheinlich nicht mehr möglich gewesen.

Weihnachten und Silvester fanden wie immer im Familienkreis statt, aber dieses Jahr wurden diese Tage intensiver erlebt.

Im Januar 2008 machte man mir im Gesundheitszentrum den Vorschlag, dass ich noch Reha-Sport machen könnte. Hierbei würde ich dann die Sportgeräte wie in einem Fitnessstudio nutzen können. Die Idee fand ich gut und ließ mir einen Antrag mitgeben. Meine Ärztin befürwortete diese Maßnahme und ein paar Wochen später hatte ich dann auch die Zusage von der Krankenkasse in meinem Briefkasten. Auf diese Weise

kamen zu meinen 3 Tagen Therapie nun
noch 2 Tage die Woche Sport hinzu. So oft
war ich schon lange nicht mehr unterwegs.
Fünf Tage die Woche konnte ich ins
Gesundheitszentrum und an meinem Körper
arbeiten. Das war wie arbeiten gehen, nur
war die Bezahlung viel besser, da es sich
dabei um die Steigerung meiner Gesundheit
und der Verbesserung meines Zustandes
handelte.

Ende des Monats hatte die Krankenkasse
den Besuch eines Gutachters angekündigt,
da wir eine Pflegestufe bei der Kasse für
mich beantragt hatten. Von Gutachtern hatte
ich bislang immer nur negatives gehört und
war deswegen auch sehr aufgeregt, als ich
hörte, dass ein Gutachter demnächst zu mir
kommen würde. Wie so oft machte ich mir
aber ganz unbegründet Gedanken, denn der
Gutachter war ein sehr netter Mensch und
unterhielt sich mit mir. Letztendlich gab
man mir die Pflegestufe 1. Da inzwischen
auch meine Erwerbs-unfähigkeitsrente
genehmigt worden war und ich weiter meine
Fußballberichterstattung machte, waren
nunmehr meine laufenden monatlichen
Kosten einigermaßen gedeckt. So konnte ich

mich nun voll und ganz auf meine Therapien konzentrieren. Nie hatte ich mich fitter gefühlt. Ich hatte 5 Monate intensive Reha hinter mir und nun machte ich nahezu jeden Tag Sport und meine Therapien. Im Vergleich zum Vorjahr, konnte ich wirklich behaupten, dass ich gut in Form und sehr engagiert war. Ich wurde von Tag zu Tag zufriedener und versuchte auch einige Nächte ohne meinen Vater klar zukommen, denn er wohnte immer noch bei mir.

Außerdem hatte ich den Entschluss gefasst, im Februar auf eigene Kosten vier Wochen in der mir bekannten Reha-Klinik zu verbringen. Die Krankenkasse wollte noch keine Anschlußreha genehmigen und auch die Anfrage bei der Deutschen Rentenversicherung war ohne Erfolg. Also habe ich dort nach einem freien Bett angefragt und konnte am 18.02.2008 mit meiner Reha beginnen. Ich hatte die Hoffnung, dass endlich mehr an meinem Arm gearbeitet wird. Denn mein Laufstil ist in meinen Augen schon zufriedenstellend gewesen. Anfangs war ich traurig,, da auf meinem Therapieplan sehr wenige Anwendungen standen, aber nach einer

Rücksprache mit der Stationsärztin wurde
die Anzahl der Therapien erhöht. Insgesamt
sind meine Erwartungen leider nicht erfüllt
worden. Mein Arm blieb auch nach den vier
Wochen in der spastischen Lähmung.

Mitte März kam ich wieder nach Hause und
wollte nun endlich soweit wie möglich
alleine klar kommen. Mein Vater kam nun 2
-3 mal in der Woche für die Tätigkeiten im
Haushalt und der Einkauf wurde einmal die
Woche mit mir erledigt.

Meine Oma Ellen, danke, dass du immer für
mich da bist und dich so toll um meinen
Kater gekümmert hast

Meine aktuelle Wiederholungsreha

Insgesamt habe ich in den gut 2,5 Jahren nach meiner Gehirnblutung alle 6 Monate eine Wiederholungsreha besucht. Ich fuhr jedes Mal wieder nach Grünheide und genoss die Gesellschaft der bekannten Gesichter und die Anzahl der Therapien. Meine vorerst letzte Reha zum jetzigen Zeitpunkt brachte mich vor allem psychisch voran.

Ich hatte erneut 4 Wochen in Grünheide über die Rentenversicherung genehmigt bekommen und reiste am 14.April dort an. Schon alleine bei der Fahrt zur Klinik freute ich mich wieder die bekannte Strecke und das Gebäude der Einrichtung wieder zu sehen. Auf dem Parkplatz angekommen, dachte ich noch bei mir:" Home, sweet Home".

Der Gedanke verflog leicht, als man mir sagte, dass ich in ein Doppelzimmer ziehen sollte. Bisher war ich immer in Einzelzimmern untergebracht und bei dem Gedanken an das normale Durchschnittsalter in der Klinik, erfreute mich der Gedanke wenig, dass ich mit einem Grossvater-Ersatz für 4 Wochen zusammenleben sollte. Zum Glück war Schwester Evi, damals noch in meiner ersten Reha auf der Station 1, nun auf meiner aktuellen Station 5 und verhalf mir sofort wieder zu einem Einzelzimmer. Meine Laune steigerte sich wieder und die Begeisterung über meine Rückkehr kam wieder. Es hatte sich nichts verändert, die Zimmer waren gemütlich und ich sah schon beim ersten Gang durch die Klinik viele bekannte Gesichter. Ich wollte mich bei all meinen Lieblingstherapeuten zurückmelden und startete einen Rundgang, am Anreisetag waren eh keine Therapien angesetzt, so hatte ich sehr viel Zeit.

Zu den Mahlzeiten im Speisesaal traf ich Sylvi und die anderen charmanten Damen vom Lindner Catering, diese setzten mich an einen Tisch nahe des Büfetts mit sehr guter Aussicht und ein paar sehr lieben Leuten, die ich schon schnell besser kennenlernte. An diesem Tag musste ich noch zur Aufnahmeuntersuchung zu der aktuellen Stationsärztin, die wiederum kannte ich noch nicht. Am nächsten Tag sollte ich das Standardprozedere mit Blutentnahme, Gewichts- und Blutdruckkontrolle über mich ergehen lassen. Auf meinem Therapieplan tauchten kaum bekannte Namen auf aber vom Sehen her kamen diese mir dann doch bekannt vor.

Natürlich sah ich mich sofort auch wieder nach Patientinnen und Therapeutinnen in meinem Alter um. Immerhin war ich weiterhin alleinstehend und wollte das gerne ändern. In der Klinik liefen häufiger junge Frauen in den Abteilungen umher. Praktikanten, Auszubildende, Berufseinsteiger.

In den ersten Tagen hatte ich noch sehr viele Probleme, da ich niemanden von den Patienten kannte und immer wieder an Zuhause dachte, meine Oma und meine Eltern mussten sich wieder um meinen Kater kümmern. Die ersten Tage in der Reha waren schon immer etwas schwierig. Man muss erstmal wieder Kontakte knüpfen und sich auf die Umgebung und die Situation einstellen. Zum Glück kamen am 2. Tag die Therapien dazu und lenkten mich ordentlich ab.

Auch dieses Mal konnte ich mich über meine Therapeuten nicht beklagen, bekam nette und kompetente Leute.

Es waren erst wenige Tage vergangen, da
sass ich im Speisesaal zum Mittag und auf
einmal tauchte eine Frau neben mir auf und
sagte nur: "Da bist du ja". Ich blickte sie an
und dachte nur: "Hm, kommt mir bekannt
vor, die Frau". Es war Silke, eine ganz liebe
Frau, die ich aus einer meiner letzten Rehas
kannte und oft schon froh war, dass ich es
schaffte immer noch viel Kontakt zu ihr zu
haben. Wir unterhielten uns eine Zeitlang,
dann musste sie weiter und ich wieder an
meine Therapien. In der Klinik gab es ein
paar neue Gesichter, vor allem junge Frauen
unter den Therapeuten. Da ich noch immer
alleinstehend war, hatte ich natürlich ein
besonderes Auge für diese Frauen.
Eine von ihnen war in der Psychologie tätig
und gefiel mir sehr gut. Auch unter den
Patienten gab es 2 sehr interessante Frauen,
wovon die eine allerdings immer wieder
Besuch von ihrem Freund bekam und somit
nicht zur Verfügung stand. Die andere war
Claudia, eine sehr liebe und charmante Frau,
die ich erst zum Ende dieser Reha besser
kennenlernte. Sie unterhielt sich immer mit
ihrem Tischnachbarn „Eggi" und einer
älteren Frau, die auch beide sehr nett waren.
Irgendwann nach etwa der Hälfte meiner

Rehazeit ging ich am Cafe vorbei und sah
die drei dort sitzen. Eggi meinte, dass ich
mich ruhig dazu setzen sollte und ich meinte
nur, dass ich schüchtern sei und sass mich zu
ihnen. Wir unterhielten uns und kamen zum
Thema Frauen und ich erzählte von der
Psychologin. Hinter mir lief in diesem
Augenblick eine andere Psychologin lang
und Eggi meinte bloss:" Hier frag sie doch
mal, ob dein Schwarm noch Single ist." Ich
drehte mich um und fragte sie einfach,
bekam als Antwort aber nur:" Das musst du
sie schon selber fragen." Eine recht
unbefriedigende Antwort. Als ich mich zu
Eggi umdrehte, schaute mich dieser
verwundert an. "Was denn?", fragte ich ihn.
"Ich denke du bist schüchtern?!" sagte er zu
mir. Ich schaute ihn an und meinte nur: "Bin
ich ja auch, aber die kenne ich ja schon und
es geht ja auch nicht um sie, da bin ich dann
recht locker. Er lachte daraufhin nur.
Mit diesen Menschen machten mir die
letzten Tage in der Reha viel Spass und ich
war sehr zufrieden und froh über diese Zeit

"Ich musste die nächsten Tage oft an Silkes
letzten Besuch und unser Gespräch im Cafe´
nachdenken. Sie hatte natürlich Recht damit,

dass ich einfach trotz Unsicherheit und
Angst anfangen müsse auf Frauen
zuzugehen und diese anzusprechen. "Sie
können höchstens Nein sagen, mehr kann dir
nicht passieren", sagte sie zu mir. Mit
diesem Gedanken im Kopf begegnete mir
kurz darauf die hübsche Psychologin. Sie
sah genau so umwerfend aus wie immer, nur
dieses Mal trug sie einen Seidenschal um
den Hals und hustete leicht. Im Klinik-Cafe
gab es Hustinetten zu kaufen, ich besorgte
mir eine Tüte und klopfte bei ihr an die
Zimmertür. Als sie mich herein bat, klopfte
mein Herz ordentlich und ich dachte nur
"Jetzt musst du da durch". Sie sass an ihrem
Schreibtisch und blickte zu mir rüber. Mit
den Worten: "Ich hab hier etwas für sie",
ging ich zu ihr und gab ihr die Bonbontüte.
Sie bedankte sich und meinte, dass es lieb
von mir sei. Wir begannen ein wenig zu
reden und ich erwähnte, dass ich schon öfter
in der Klinik gewesen sei. Sie entgegnete
mir mit:" Ja, das habe ich schon gehört".
Dieser Satz erfreute mich, denn es schien so
als ob sie sich bereits über mich erkundigt
hatte. Da ich mein Ziel erreicht hatte und sie
nicht länger stören wollte, verliess ich ihr
Zimmer und ging wieder. Leider war es das

letzte Mal, dass ich sie sah, denn sie war
dann wegen Krankheit nicht mehr zur Arbeit
gekommen und ich hatte nur noch wenige
Tage bis zu meiner Entlassung.
Am letzten Tag meiner Reha hinterliess ich
ihr noch eines meiner Bücher und schrieb
meine Nummer hinein. Vielleicht würde sie
sich ja bei mir melden. Bis zum heutigen
Tag habe ich aber leider nichts von ihr
gehört.

Mein Fazit

Alles in allem waren die 6 Monate nach der Gehirnblutung, wohl die schwerste Zeit in meinem bisherigen Leben. Aber ich kann nun voller Stolz auf diese Zeit zurückblicken. Ich hätte nie gedacht, wozu ich fähig sein kann, wenn es darauf ankommt und was ich erreicht habe, ist wirklich erstaunlich. Ich kann durch diese Leistung und das Engagement meiner Therapeuten mein Leben wieder recht gut meistern und bin sehr glücklich, dass ich weitestgehend alleine klar komme. Ich habe in meiner Sport-Reha eine Aufgabe gefunden, die ich täglich mit sehr viel Motivation ausführe. Als Belohnung komme ich meinem Ziel, „Normal" zu werden, immer ein kleines Stück näher. Auch wenn mein Arm weiterhin nicht „zu mir gehört" und ich in der linken Körperhälfte kein Gefühl habe, versuche ich mein Leben ohne tägliche Hilfe zu bewältigen. Leider klappt es nicht ganz, da gerade im Haushalt und auch in anderen Situationen zwei gesunde Hände sehr hilfreich sind. Die Menschen, die ich in der Klinik und während der Reha kennengelernt habe und die mich in der schweren Zeit unterstützt haben, werden für immer in meiner Erinnerung bleiben und meinen Dank haben. Mein Leben hat sich durch meine Erkrankung komplett verändert. Hier muss ich aber sagen, dass viele Veränderungen auch positiv sind. Früher war ich viel zuhause und hab nur daran gearbeitet, meine Selbständigkeit zum Laufen zu bekommen und bin häufig enttäuscht und angespannt abends ins Bett gegangen. Heute treibe ich viel Sport und habe kaum Sorgen und Anspannungen, die mich wirklich stark beschäftigen. Ich gehe abends immer öfter zufrieden und glücklich schlafen. Jeder Tag wird von mir genossen, egal ob er nun besser oder schlechter verlaufen ist. In allen meinen Rehas wurde mir bewusst, dass es nicht wirklich viel gibt, wovor ich Angst haben müsste. Wirklich entscheidend ist es, dass ich aus allem versuche das Beste zu machen und mich darauf konzentriere mein Leben so gut es geht zu geniessen.

Ich denke, das gelingt mir bislang sehr gut.

Bilder:

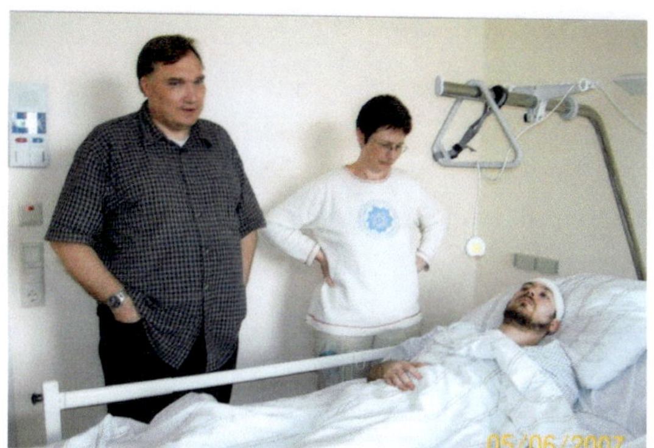

Im Krankenhaus
Fridrichshain

Vor der Median-Klinik Grünheide

Ich vor der
Gehirnblutung

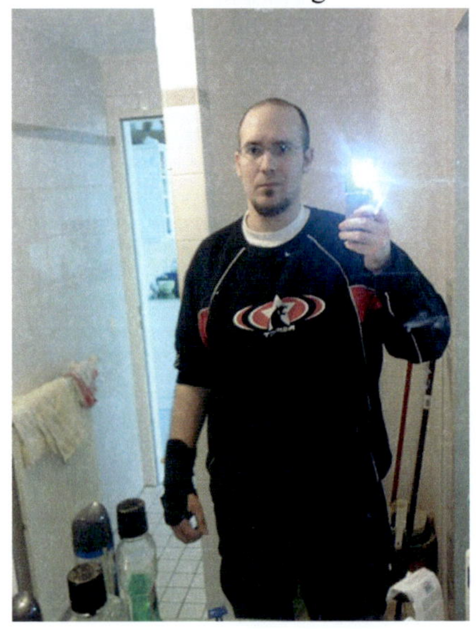

Ich nach der Gehirnblutung